DIE NACHT, IN DER DIE DÄMME BRACHEN

von

David Irving (nachgedruckt und zusammengefaßt 1992 von Werner Symanek)

Das Buch schildert die Zerstörung zweier Thalsperren aus englischer Sicht! Die engl. Verluste lagen bei 50%! Von 19 engl. Soldaten kehrte nur die Hälfte zurück. Den Schaden, den sie in Deutschland anrichteten war groß. Aber er war nicht kriegsentscheidend. Beide Völker brachten sich große Verluste zu, ohne daß ein Sinn daraus entstand. Am Ende des Krieges war Deutschland genauso geschlagen wie England!

DIE NACHT, IN DER DIE DÄMME BRACHEN

DAVID IRVING

Copyright 1992 by

Verlag Werner Symanek • Postfach 5 44 • W-4390 Gladbeck • (02043) 3 47 56

H & H Edition

Alle Rechte vorbehalten

ISBN 3-927773-06-9

Vorwort

Jedes Jahr am 16./17. Mai wandern die Gedanken der Bewohner an Eder- und Möhnesee zurück zu jener Schreckensnacht, in der die Flugzeuge der RAF die Sperrmauern der Talsperren zerstörten und die Fluten Tod und Verderben, Elend und Schrecken über unzählige Familien brachten.

Wenn damals in den öffentlichen Berichten, unter Rücksichtnahme auf die Bevölkerung, der ganze erschütternde Umfang der Katastrophe verheimlicht wurde, gehört doch die Zerstörung der Talsperren und ihre Folgen zu den schaurigsten Kapiteln des 2. Weltkrieges.

David Irving beschreibt aus britischer Sicht ein bis dahin für undurchführbar gehaltenes Unternehmen. Er dokumentiert eine militärtechnische Meisterleistung, verschweigt aber die Verluste unter der Zivilbevölkerung nicht.

Wohl sind heute die Wunden zum größten Teil wieder verheilt, aber niemals mehr können die Lücken geschlossen werden, die der grausame Wassertod in die Familien der betroffenen Gemeinden riß.

Ich habe als Verleger dieses Buch herausgegeben, um die Pläne zur Bombardierung der Staudämme zu dokumentieren - insbesondere, wie diese entstanden sind.

Frauen und Männer, Kinder und Greise waren die unschuldigen Opfer dieser Katastrophe. Dem Andenken der Opfer ist das Buch gewidmet.

Werner Symanek

Die Zerstörung der Ruhrtalsperren

(Eine dreiteilige Darstellung des von der Royal Airforce brilliant ausgeführten Angriffs auf die Ruhrtalsperren im Mai 1943, der seine Verewigung in dem Film "The Dambusters" fand. Die drei Kapitel wurden auf der Grundlage von Interviews und kürzlich freigegebenen amtlichen britischen und deutschen Dokumenten geschrieben; insbesondere stützen sie sich auf die privaten Aufzeichnungen und Tagebücher von Barnes Wallis, jenes britischen Wissenschaftlers, der die einzigartige Bombe, die sogenannte "Springende Bombe" erfand, die die Staudämme zerschlug.)

1. Kapitel

(In welchem Barnes Wallis um die Anerkennung seiner revolutionären neuen Waffe kämpft, sie dann aber in ihren Tests scheitern sieht.)

"Neununddreißig Meilen, schätze ich", sagte der Zivilpolizist. Er schlug gewichtig sein Notizbuch auf und sah auf die Uhr in seiner Hand. Der weißhaarige Fahrer des kleinen schwarzen Wolseley Ten Saloon blinzelte abwesend über seine metallgerahmten Brillengläser zu ihm hin. "Donnerwetter, war ich wirklich so schnell, Officer? Ich muß mit meinen Gedanken meilenweit weggewesen sein." Barnes Wallis schaute ängstlich auf seine eigene Uhr: es war halb zwölf, und um zwölf mußte er bei Vickers in Westminster sein. Doch immer noch war er hier in Putney Vale. "Ich stecke in dringenden Geschäften, Officer - Regierungsgeschäfte. Es ist streng geheim," stotterte er. Der Polizist grunzte unbeeindruckt. "Wirklich?" Er befeuchtete seinen Daumen und blätterte eine neue Seite seines Notizbuches auf. Wallis stöhnte.

Er wußte, daß er einen streng geheimen Film mit sich führte und eigentlich eine bewaffnete Wache der RAF dabeihaben müßte. Doch dazu war heute morgen die Instruktion, sich in London zu melden, zu plötzlich gekommen. Vor gerade zwei Stunden hatte ihn Sir Charles Craven, Aufsichtsratsvorsitzender und leitender Direktor bei Vickers-Armstrong, in seinem Planungsbüro nahe Weybridge angerufen und ihm befohlen, sofort in die Stadt zu kommen: "Der Erste Seelord will Ihren Film über `Highball´ sehen", hatte er gesagt, "die Bombe, die Sie bei Checil Beach abgeworfen haben." Zur Krönung des ganzen war gerade, als er die Vickerswerke verlassen wollte, der Werkaufseher herausgerannt gekommen, um ihm zu sagen, daß man einen Riß am Flügelholm eines Wellington-Bombers gefunden habe und eine schnelle Entscheidung erforderlich sei. Barnes Wallis war ein berühmter Flugzeugkonstrukteur.

Das alles hatte ihn gut eine halbe Stunde aufgehalten. Und jetzt das. "Darf ich Ihren Führerschein sehen, Sir?" Wallis kochte. Er war von äußerlich mildem Benehmen, schmächtig gebaut, mit unschuldigen graublauen Augen hinter dem Metallgestell seiner Brille. Die Seelords warten zu lassen war eine Sache, aber vor allem fürchtete er den Zorn Sir Charles´. Commander Sir Charles Worthington Craven war ein mächtiger Mann, und Barnes Wallis war im Laufe seiner langen Karriere mehr als einmal mit ihm zusammengestoßen.

Er kam beinahe eine halbe Stunde zu spät, als er endlich in das private Kino im Hauptquartier der Vickers Company in Westminster stolperte, die kostbare Filmspule unter dem Arm geklemmt. Vier oder fünf Admiräle standen äußerst ungeduldig von einem Fuß auf den anderen tretend herum. Admiral Sir Dudley Pound, der Erste Seelord, sprach mit Craven, und Wallis konnte sehen, daß der zornglühende Vickerschef Flugzeugingenieuren heute nicht gerade wohlgesonnen war. Was Wallis jetzt vor Sir Charles rettete, war der verblüffende Film, den er mitgebracht hatte.

Über die Filmleinwand flimmerte ein Titel: "Streng geheimer Versuch Nummer Eins". Dann konzentrierte sich das Teleobjektiv der Kamera auf den dunklen Umriß eines Wellington-Bombers, der gerade auf Höhe der Küste knapp über den Wellen flog. "Das ist Chesil Beach," erklärte Wallis. "Jetzt - achten Sie auf den Wulst unten am Flugzeug..." Der Wulst war ein großer schwarzer Ball von etwa eineinhalb Metern Durchmesser. Er rotierte offensichtlich mit hoher Geschwindigkeit rückwärts. Ein Licht blitzte im Cockpit auf und der Stahlball fiel der See entgegen. Damit begann die Überraschung: nicht nur, daß dieser eigenartige schwere Ball viel langsamer fiel, als es eigentlich normal schien, nein, als er auf das Wasser traf, sprang er hoch - er sprang nicht einmal, sondern zwölf oder dreizehn Mal, wobei Wallis triumphierend jeden Sprung laut mitzählte. Der Ball war ungefähr eine halbe Meile über die Wasseroberfläche gehüpft, bevor er endgültig in eine Welle stieß und sank. "Das war´s!" sagte Wallis. "Diese Bombe löst die meisten Probleme, denen sich die Air Force heute gegenüber sieht. Aus großer Höhe über Deutschland abgeworfen wird sie viel langsamer hinuntergleiten - so kann sie weiter weg von besonders verteidigten Zielen abgeworfen werden. Als Seewaffe eingesetzt wird sie über jede der Hafensperren und Torpedonetze hinwegspringen, die der Feind derzeit benutzt, um seine ankernden Kriegsschiffe zu schützen - und seine hohen Staudämme." Er gluckste wie ein Zauberer, der gerade einen besonders vergnüglichen Trick zustande gebracht hatte. "Und", fügte er hinzu, "wenn sie auf die Flanke eines Schlachtschiffes trifft, wird sie sich wegen des Rückwärtsdralles in der Tat unter den Rumpf des Schiffes drehen, während sie sinkt, - so kann sie gezündet werden, wo sich der Feind niemals die Mühe gemacht hat, auch nur eine Panzerplatte anzubringen."

Sinkende Schlachtschiffe allein würden den Krieg nicht entscheiden. Wallis glaubte jedoch, daß es eine Operation gab, die genau das bewirken könnte: Er hatte schon seit Jahren dafür gekämpft, daß ein massierter Angriff auf Deutschlands lebenswichtigste Staudämme unternommen würde - ein Projekt, das er "Eines Ingenieurs Weg zum Kriegsgewinn" tituliert hatte. Das war typisch Barnes Wallis. Er war besonders dazu in der Lage, neue Ideen auszuhecken - von denen fast jede auf heftige Gegenwehr bei den Beamten stieß: Er schien dies wohl zu bevorzugen. Als Professor Sir Thomas Merton, einer der führenden Wissenschaftler Winston Churchills, das erste Mal von Wallis mit seiner Idee einer Dammsprengbombe angegangen worden war, war sein erster Eindruck: Dieser Mann ist absolut übergeschnappt. "Als Wallis jedoch eine halbe Stunde bei mir gewesen war", erzählte er mir später, "wurde mir klar, daß ich mit einer der größten Ingenieursbegabungen in der Weltgeschichte sprach." Viel von seiner Kriegsbegabung hatte Wallis auf ballartige Dinge verwendet. Einmal hatte er an eine Zeitung geschrieben, daß er einen Kricketball entwerfen könne, der beide Seiten zweimal am Tag ins "Aus" bringen würde und von einem gewöhnlichen Ball nicht zu unterscheiden sei. Die Vorsitzenden der Kricket-Clubs hatten ihn ängstlich beredet, diese Idee nicht weiterzuverfolgen. Was Wallis mit dem Viertonnen-Ball im Sinne hatte, den er "Upkeep" nannte, war nicht Kricket. "Es gibt fünf Staudämme an der Ruhr, meine Herren," sagte er zu den Admirälen. "Ohne diese können die deutschen Kraftwerke nicht arbeiten, die Kanäle werden entweder überfließen oder trockenliegen, und ihre wichtigsten Fabriken werden in der Überflutung zerstört. Besonders ein Staudamm reguliert die Versorgung mit dem einzigen sulphatfreien Wasser, das für die Ruhrstahlwerke verfügbar ist. Wissen Sie, daß man über 100 Tonnen Wasser benötigt, um eine Tonne Stahl zu produzieren? Dieser Damm, der Möhne-Damm, hält 134.000 Tonnen Wasser zurück..." Er fuhr enthusiastisch fort: "Ich und meine Mitarbeiter haben gezeigt - wir haben es an Staudammmodellen ausprobiert - daß wir sogar mit einer Ladung von nur 6.500 Pfund RDX-Sprengstoff den Möhne-Damm, den größten der fünf, zerstören können, vorausgesetzt, die Explosion erfolgt tatsächlich in direkter Berührung mit dem Mauerwerk. Meine Springbombe wird genau das leisten. Genau wie sich die Seeversion unter das feindliche Schiff dreht, so wird sich auch die über sieben Mal so starke Dammsprengbombe an die Dammwand drehen, während sie sinkt, und an ihr dranbleiben, bis die Ladung hochgeht." Die Admirale waren nicht gekommen, um sich Reden über einen Angriff auf Staudämme anzuhören - sie wollten die deutsche Flotte und besonders die Tirpitz versenken. Wenn Wallis´ Theorie stimmte, dann bräuchte die Bombe nicht größer zu sein, als daß sie bequem in den Bombenschacht eines zweimotorigen Mosquito-Bombers passen könnte. Das war genau, was sie brauchten. Nach der Filmvorführung stimmte Air Marshal John Linnel, der Forschungs- und Entwicklungsbeauftragte des Ministeriums für Flugzeugproduktion und einer von Wallis´ entschlossensten Gegnern, widerwillig zu, ihm zwei der kostbaren Mosquitos zu Versuchen mit der Anti-Tirpitz-Bombe zur Verfügung zu stellen. Darüberhinaus rief am folgenden Morgen um zehn Uhr der Chef der hiesigen Vickersniederlassung, Major Kilner, atemlos Wallis von London aus an: "Die Admiralität hat uns grünes Licht gegeben! Zweihundertundfünfzig Highball-Bomben sollen sofort produziert werden - absolute Vorrangstufe!"

Wallis Freude hielt sich in Grenzen. Das waren gute Nachrichten, doch immer noch nur eine Sprosse ganz unten auf einer langen Leiter. Sinkende Schlachtschiffe würden Kriege nicht entscheiden können, wie es die plötzliche Vernichtung der wichtigsten Staudämme ganz Deutschlands könnte. Als er den Telephonhörer zurücklegte, war es Wallis auch klar, daß jede Hoffnung auf einen überraschenden Einsatz gegen die Staudämme dahin sein würde, wenn man erst einmal das Kampfmittel gegen die Tirpitz eingesetzt hätte. Er mußte unverzüglich die gleiche Vorrangstufe für den Angriff auf die Dämme erlangen, und die einzige Möglichkeit, dies zu erreichen bestand darin, das Interesse des Premierministers.zu wecken. Das wiederum hieß: Lord Cherwell für die Sache zu gewinnen, den Physiker und Politiker, der seine Freundschaft mit

Churchill zu einem solch enormen Einfluß ausnutzte. Oberflächlich waren Cherwell und Barnes Wallis sich ähnlich: Beide vermieden Alkohol und Tabak, und beide waren überzeugte Vegetarier. Doch damit hatte die Ähnlichkeit schon ein Ende. Der "Prof", als der Cherwell in Churchills vertrautem Kreis bekannt war, hatte rücksichtslose Manieren und sah aus wie ein Kontinentaleuropäer; Barnes Wallis war der typisch englische Landpastorensohn, zurückhaltend und schmächtig. Cherwell war vor allem ein eminenter Theoretiker, dessen Laufbahn an den Universitäten von Darmstadt und Berlin begonnen hatte, wohingegen Wallis ein Ingenieur war, der bescheiden als Lehrling in einer Werft für einen Wochenlohn von vier Schillingen angefangen hatte. Alles in allem stufte Wallis seine Chancen nicht allzu hoch ein, bei Winston Churchill Interesse erregen zu können. Er hatte 1940 eine entmutigende Erfahrung mit Cherwell - damals noch Professor Lindemann - gemacht, und als er ihn das letzte Mal treffen wollte, hatte man ihn zwei Stunden in einem Vorraum warten lassen, während Scharen junger Leute herein- und hinausschwebten und ihm versicherten, "ihr Prof" werde jetzt jeden Moment vom Mittagessen zurück sein. Bei dieser Gelegenheit hatte Cherwell seine Ideen mit den Worten abgetan: "Sie wissen, Mr. Wallis, daß diese Staudämme unserer Meinung nach als Ziele nicht sehr interessant sind." Vielleicht wußte es Wallis nicht, aber diese Feindseligkeit war nicht gegen ihn persönlich gerichtet, sondern nur eine weitere Folge der heute berühmten Fehde hinter den Kulissen von Whitehall zwischen Cherwell und Sir Henry Tizard, dessen Stellung als höchster wissenschaftlicher Berater jener an sich gerissen hatte. Tizard hatte das Dammbomben-Projekt stets unterstützt und daraus kein Geheimnis gemacht; er hatte dafür in Briefen an die Ministerien und an Churchill selbst geworben. Es war vor allem Tizard, der für Wallis die Erlaubnis der Nationalen Versuchsanstalt für Physik in Teddington erwirkt hatte, daß dieser eine Reihe spektakulärer maßstabsgetreuer Experimente mit 2 Inch großen Stahlkugeln ausführen durfte, die auf das laboratoriumseigene Versuchsbecken für Modellschiffe hinunterkatapultiert wurden. Dieses Mal würde Wallis seinen Fehler von 1940 nicht wiederholen. Er schrieb Lord Cherwell einen Brief. Dem Brief beigefügt schickte er einen zwanzigseitigen Bericht komplett mit Photographien und Schaubildern; ausgehend von Fakten, die ihm ein Geheimdienstoffizier vermittelt hatte, bewies er zweifelsfrei die Bedeutung der fünf Hauptstaudämme an der Ruhr und erläuterte die ganze Theorie von der rotierenden Bombe und ihrer aero- und hydrodynamischen Wirkung. Wallis hatte sogar den Beweis für eine zweihundert Jahre alte Erfindung einer Kanone gefunden, die um Ecken schießen konnte und dabei exakt dasselbe Prinzip anwandte; der unerschrockene Erfinder des 18. Jahrhunderts hatte seine Waffe bei einer Anhörung vor der Royal Society vorgeführt, einer Institution, der Lord Cherwell nun selbst als prominentes Miglied angehörte. "Unglücklicherweise", erklärte Barnes Wallis in seinem Brief an den Professor, "scheinen die Möglichkeiten dieser neuen Waffe gegen maritime Ziele die Frage nach der Zerstörung der großen deutschen Staudämme überschattet zu haben." Wenn die Entwicklung des viertonnigen, unter dem Namen "Upkeep" bekannten, dammsprengenden Kampfmittels weiterhin konsequent verzögert werde, müsse der ganze Plan für ein Jahr zu den Akten gelegt werden. "Großangelegte Tests, die an ähnlichen Dämmen in Wales unternommen wurden, haben gezeigt, daß es möglich ist, die deutschen Staudämme zu zerstören, sofern der Angriff durchgeführt wird, wenn die Becken mit Wasser angefüllt sind." Das würde in der Praxis bedeuten: von Anfang bis Mitte Mai, wobei zugleich auch Vollmond sein müßte. Und jetzt war es bereits Ende Januar 1943. Seine derzeitiger Befehl lautete, "Highball", die Anti-Tirpitz-Bombe, innerhalb der nächsten sechs Wochen für den Mosquito zu entwickeln. Wenn er die gleiche Vorrangstufe dafür erhielte, versprach er, daß es ihm möglich sei, ähnliches bezüglich einer Staudammbombe für den Lancaster-Bomber zu leisten: "Zwei Monate", lautete die Versprechung in seinem Brief. Zwei Tage später, am 2. Februar 1943, ließ er seinem Brief einen persönlichen Besuch bei Lord Cherwell folgen und zeigte diesem den Film von den Versuchen, die vor zwei Wochen mit dem Wellington-Bomber durchgeführt worden waren. Das Herz sank ihm, als er Lord Cherwells Gesicht sah: kein Funke Enthusiasmus war zu erkennen. In der Tat gibt es in allen Unterlagen des verstorbenen Lord Cherwell, die ich durchgesehen habe, kein Anzeichen dafür, daß Churchills wissenschaftlicher Berater nach Wallis Besuch irgendeine Maßnahme ergriffen hat.

Für eine Weile stockte das "Upkeep"-Projekt. Wallis bewegte sich in einem Verwaltungsdschungel, der von Gegnern und apathischen Staatsbeamten bevölkert war; oftmals durfte man dem einen nichts vom anderen erzählen. David Pye, der Leiter der Forschungsabteilung im Luftfahrtministerium, saß auch einem Ausschuß vor, der sich seit seiner Gründung im Jahre 1940 mit den Möglichkeiten eines Angriffes auf die deutschen Staudämme befaßte, und war einer der schlausten Gegner Wallis´ - immer schien er zu helfen, doch in Wirklichkeit tat er nichts dergleichen. Am selben Tage des Besuchs bei Lord Cherwell war Wallis später auch bei Pye. Dieser versprach: "Sie haben unsere Vollmacht, die Planungsarbeit für die Installierung der Bombe nebst Zubehör in der Lancaster voranzutreiben." Wallis, der die Verwaltungsmethoden gut kennengelernt hatte, forderte: "Kann ich das schriftlich haben? Und ich werde einen vollen Satz Konstruktionspläne von der Lancaster benötigen...". "Ah, das ist ganz ´was anderes", schnaubte Pye. "Die Lancaster ist eines unserer geheimsten Flugzeuge, und die Pläne werden nicht jedermann gezeigt." Wallis seufzte. Er würde noch mehr Beziehungen spielen lassen müssen

- und die gingen ihm langsam aus. Nebenbei brauchte er die Bomber selbst, nicht nur die Pläne. Alles, was er in einigen Tagen erreicht hatte, war das vage Versprechen, ihm eine Lancaster zu leihen; doch am 19. Februar 1943 versetzte ihm die Bürokratie einen weiteren Schlag. Air Marshal Linnell rief ihn an und befahl ihm mit einem deutlich triumphierenden Unterton in der Stimme, die Arbeit an den Staudammbomben einzustellen. Es war entschieden worden, daß es keine weitere Arbeit daran geben solle. Wallis fühlte sich alleingelassen. Dr. Baker, der ältliche Aufseher des Schiffbassins in der Versuchsanstalt Teddington sagte mitleidlos zu ihm: "Hören sie mit dem Unsinn auf. Gehen Sie und tun etwas Nützliches für den Krieg..." An diesem Abend wurde Wallis privat von Flight Lieutenant Green, seinem Verbindungsoffizier zum Ministerium für Flugzeugproduktion, angerufen. Green bestätigte seine Befürchtungen. In seinem Tagebuch schreibt Wallis: "Green sagt, daß DSR (David Pye), nachdem er für CRD´s (Air Marshal Linnells) Ablehnung gesorgt hat, nun so tut, als ob er das Projekt unterstützt." Einige Tage später kam zur Verletzung der Gefühle auch noch der Schaden hinzu: ein brauner Papierumschlag flatterte herein, und Wallis erfuhr, daß er mit einem Bußgeld von 2 Pfund wegen der Geschwindigkeitsübertretung in Putney Vale bestraft wurde, obwohl MI5 in einer Eingabe an die Magistratur geschrieben hatte, daß Wallis in höchst dringenden Regierungsangelegenheiten tätig sei.

*

Wallis schluckte seinen Stolz hinunter und bat Dr. Baker, ihn einen abschließenden Versuch im vielbenutzten Schiffversuchsbecken der Versuchsanstalt vorbereiten zu lassen. Dieser Versuch würde auch den hartgesottensten Verwaltungsbeamten aufrütteln und aufmerken lassen. Er baute einen Modellstaudamm durch das

Wasserbassin und katapultierte die 2-Inch-Bälle auf diesen herunter. Eine Kamerafrau filmte aus einem luftdichten Glaskasten heraus unter Wasser die rotierenden Kugeln, wie sie den Damm trafen und sanken. Wallis zeigte den Film dem Stab der Luftwaffe - es war ein Keuchen zu hören, als die Unterwasserkamera zeigte, wie die rotierenden Bälle an der Wand des Dammes "klebten", während sie sanken. Es gab ein noch lauteres Keuchen, als Wallis ihnen und einigen Admirälen einen noch spektakuläreren Versuch im Bassin von Teddington zeigte: er hatte darin ein großes Modellschiff im Bassin vertäut, das die Tirpitz darstellen sollte. Auf ein Signal von ihm feuerte sein Assistent den ersten 2-Inch-Ball ab. Der Ball streifte durch das Becken, traf das Schiff, sank noch immer rotierend und verschwand - um plötzlich auf der anderen Seite des Schiffes wieder aufzutauchen; er hatte das Modell genau unter dessen Rumpf unterquert. "Ich denke, ich habe mein Spiel gemacht", meinte Wallis ruhig. Er konnte den Film von diesem Versuch am 19. Februar Sir Charles Portal und dem Ersten Seelord vorführen. Portal wollte jetzt beginnen, für die RAF einen Angriff auf die Staudämme zu planen, doch er konnte sich vorstellen, wie die Reaktion des Bomberkommandos wahrscheinlich ausfallen würde. Tatsächlich hatte er herausgefunden, daß der Air Chief Marshal Sir Arthur Harris, der "Schlächter" Harris, jedem Gedanken an eine Operation zur Sprengung der Staudämme feindlich gesonnen war. Harris brauchte jede Lancaster, die er bekommen konnte, für dringendere Aufgaben über Deutschland mit konventionellen und vertrauten Kampfmitteln wie Luftminen und Brandbomben. Er haßte Erfinder, die dachten, sie hätten einen einfachen Weg gefunden, den Krieg früher zu gewinnen. Als Portal den Film zusammen mit Barnes Wallis ansah, dachte er an einen Brief, den er an diesem Morgen von Harris erhalten hatte. Darin beklagte sich Harris, dessen persönlicher Nachrichtendienst "Das Gerücht" augenscheinlich hervorragend funktionierte: "Alle Arten von

Enthusiasten und Wundermittelhändler rennen um das Ministerium für Luftrüstung herum und schlagen vor, daß etwa dreißig Lancaster von der Front abgezogen und abgeändert werden sollten, um eine neue und revolutionäre Bombe zu befördern, die nur in der Einbildung derer existiert, die sie ersonnen haben..." Genaugenommen war daran natürlich vieles wahr. Barnes Wallis hatte noch keine rotierende "Upkeep"-Bombe in Originalgröße gebaut, geschweige denn getestet. Nachdem er Wallis´ erstaunlichen neuen Film gesehen hatte, schrieb der Chef des Luftwaffenstabes an Harris zurück: "Ich werde nicht erlauben, mehr als drei unserer kostbaren Lancaster abzuzweigen." Bevor er mehr bekäme, mußte Wallis beweisen, daß seine Bombe in vollem Umfang funktionierte. Wallis bekam inzwischen von Portal herzloserweise kein Wort der Ermutigung zu hören. Wallis entschied sich unabhängig davon, den furchteinflößenden Befehlshaber des Bomberkommandos, Harris selbst, anzugehen. Er rief seinen Cheftestpiloten, "Mutt" Summers, an. "Mutt, wir müssen einen Weg finden, diesen Film `Butch´ Harris selbst zeigen zu können. Du kennst ihn persönlich, nicht wahr?" "Sicher, wir waren zusammen im RFC." Summers telephonierte mit Harris Stellvertreter, Vice-Marshal Sir Robert Saundby. Ein Besuch im Hauptquartier des Bomber-Kommandos der RAF war abgemacht. Einmal mehr verstaute Wallis seine kostbare Filme im Kofferraum seines Wolseley, doch diesmal setzte er "Mutt" Summers nach vorn. Am Nachmittag des 22. Februars fuhren sie zusammen nach High Wycombe. Als er in Harris´ Büro gewiesen wurde, funkelte ihn der Air Chief Marshal an. "Nun, was zur Hölle wollen Sie?" krächzte er. "Ich mag es nicht, daß ihr verdammten Erfinder mir meine ganze Zeit verschwendet!" Barnes Wallis wußte nichts von Harris´ wenig schmeichelhaften Bemerkungen über ihn in seinem Brief an Portal. Doch seine Aversion gegen alle Erfinder war verständlich. Als Kampfpilot in Northolt außerhalb von London war er im Ersten Weltkrieg von ihnen geplagt worden, und ein jeder von ihnen hätte bereitwillig seinen Absturz in Kauf genommen. Einige Legenden umranken diese Zeit. Ein Erfinder hatte ihm einen Enterhaken gezeigt und vorgeschlagen, daß Harris diesen auf die Zeppeline auswerfen solle, die zu jener Zeit die englischen Städte übel zurichteten. Harris hatte grob geantwortet: "Mein Flieger hat 80 Pferdestärken, der Zeppelin 1600. Bevor ich mein Flugzeug an einen Zeppelin hänge, möchte ich wissen, wer dann mit wem nachhausefliegt!" Unverzagt war dieser Erfinder dann noch einmal auf Harris Flugplatz erschienen mit dem Ding in einem Koffer, den er auf dem Boden absetzte "Ich hab´s jetzt", waren seine Worte, "ich habe eine kleine Sprengladung am Haken angebracht. Alles was Sie tun müssen, ist hier zu drücken" - und der Rest des Satzes wurde von einem gewaltigen Krachen abgeschnitten, als der Koffer sich selbst in die Luft jagte.

"Ich habe die Idee zu einer Bombe", begann Wallis jetzt, kurzsichtig zu Harris blinzelnd, während er nach seiner Brille tappte. "Eine Bombe, welche die Möhnetalsperre zerstören wird." Harris stöhnte leise. "Ich habe davon gehört. Das ist ja an den Haaren herbeigezogen." Wallis notierte im Geiste, daß Harris offensichtlich "betreffs der Sache sehr falsch informiert war" (wie er später in sein Tagebuch schrieb). Er erging sich in einer langen technischen Erklärung der Funktionsweise des spektakulären Kampfmittels und faßte schließlich zusammen: "...Sie sehen, daß die Bombe, wenn sie einen Rückwärtsdrall hat, in der ganzen Sinkphase gegen die Staudammauer gedrückt und in direktem Kontakt zu dieser explodieren wird, genau so, wie wir es brauchen." Harris faßte jetzt mehr Interesse. Da war etwas, das diesen ruhig sprechenden Ingenieur vom Rest unterschied. In jedem Falle durfte man den Mann, der die robuste Wellesley und Wellington entworfen hatte, nicht ignorieren. Zum Filmvorführer hinnickend, der den Film in den Projektor spulte, brummte Harris: "Ist das Ding so gut, wie Sie sagen, dürfen nur so wenig wie möglich Leute darüber Bescheid wissen." Er drehte sich zu seinem Stellvertreter um. "Saundby, Sie bedienen den Projektor." Im Filmvorführraum des Hauptquartiers wurden die streng geheimen Filme von den Unterwasserkapriolen der rotierenden Bombe "Upkeep" und den Versuchen aus der Luft mit "Highball" über Chesil Beach noch einmal gezeigt, nur mit den zwei Air Marshals, Wallis und seinem Testpiloten als Zuschauer. Kein Geräusch außer dem Surren des Projektors war zu vernehmen. Als das Licht wieder anging, war Harris´ dickes, gerötetes Gesicht ausdruckslos. Er warf Wallis einen Brief hin: "Sie sollten das besser lesen." Es war der Brief Sir Portals, in welchem er von Harris verlangte, Wallis drei Lancaster zu Versuchen in Originalgröße zu leihen. Wallis hatte keine Ahnung, welchen Eindruck er auf Harris machte. Zu undurchdringlich war das Gesicht des Air Marshal. Als sie gingen, nahm er Summer am Arm und sagte erleichtert: "Nun, das war alles in allem gar nicht mal übel, nicht wahr?" Tatsächlich waren jedoch seine Sorgen noch nicht vorbei. Harris war zwar beeindruckt, doch er weigerte sich noch, eine Staffel Lancaster von der Front abzuziehen, um sie für den Angriff auf die Dämme üben zu lassen. Und just in diesem Moment mischte sich eine weitere Macht bei Wallis ein - ziemlich sicher inspiriert durch den kurzsichtigen Air Marshal Linnell, der das "Upkeep"-Projekt in jeder Phase behindert hatte.

Am Morgen nach dem persönlichen Zusammentreffen mit Harris wurden er und "Mutt" Summers um 10 Uhr in Major Kilners Büro bei den Vickerswerken befohlen. Kilner sagte ihnen mit unglücklichem Gesicht, daß Sir Charles Craven, der Verwaltungschef der Vickerswerke, sie unverzüglich nach London befohlen habe. Bei Vickers war die Stimmung kühl und feindselig. "Man hat mich gebeten Ihnen zu sagen, daß Sie den Unsinn mit Ihrer Dammzerstörerei lassen sollen. Ich bin offiziell davon unterrichtet worden, daß sich Mr. Wallis von der Firma Vickers lästig mache. Sie verschwenden die Zeit der Regierung, die Zeit der Firma und Geld - Sie werden jetzt an etwas Sinnvollem arbeiten. Ich verbiete Ihnen, länger an diesem abstrusen Springbombenprojekt weiterzuarbeiten." In einem abschließenden grotesken Ausbruch schrie er Wallis hysterisch an: "Und was ist auf dem Golfplatz in Ulverston passiert?" Wallis verstand das ganze Spektakel überhaupt nicht, ganz zu schweigen von jener geheimnisvollen letzten Kritik Cravens. Der schmächtige, weißhaarige Ingenieur blickte dem mächtig gebauten ehemaligen Marinekommandeur in die Augen und sagte: "Nun, Sir, wenn ich nicht dem besten Interesse der Firma und des Landes diene, reiche ich wohl besser meinen Rücktritt ein.". Das war kühl gesprochen, war so gemeint, und es war zuviel. Sir Charles Craven stand auf und hieb brüllend mit der Faust auf den Tisch: "Meuterei, Meuterei, Meuterei!" Wallis stakste sorgenschwer hinaus. In sein Tagebuch schrieb er: "Persönliche Unterredung mit Kilner, sagte ihm, daß ich wieder zu gehen gedenke..." Er aß im Offiziersheim der RAF in Piccadilly mit dem Geheimdienstoffizier zu Mittag, der ihn bisher so sehr unterstützt hatte, und beide erkannten, daß Ihnen als einzige Hoffnung nur noch Churchill selbst blieb.

*

Der Zugang über Lord Cherwell war offensichtlich verbaut. Doch war von Churchill auch bekannt, daß er sich weitgehend auf eine wissenschaftliche Kommission stützte, die früher im Krieg durch Oliver Lyttleton ins Leben gerufen worden war. Zu zweien der drei Mitglieder dieses Ausschusses in Richmond Terrace ging Wallis an jenem Nachmittag, noch immer gebeutelt von der üblen Behandlung, die er von Craven erfahren hatte. Die zwei Wissenschaftler konnten sehen, daß etwas Außergewöhnliches passiert war. Wallis murmelte auf ihre fragenden Gesichter hin: "Ich bin erledigt. Ich habe bei Vickers aufgehört. Das Staudamm-Projekt ist abgeblasen." Barratt, der später Vorsitzender des mächtigen Chemiekonzerns Albright & Wilson werden sollte, fragte Wallis neunzig Minuten lang nach den wissenschaftlichen Grundlagen der Sache aus und entließ ihn dann nachhause. Diese Begegnung erwies sich als der Wendepunkt. Churchill rief nach den Unterlagen zu "Upkeep" und gab dann, als er Feuer gefangen hatte, den Befehl, den Handstreich auf die Dämme mit höchster Vorrangstufe vorzubereiten. Die Stunde der süßen Rache kam für Barnes Wallis um drei Uhr am Nachmittag des 26. Februar, als er und Craven in den Raum seines alten Feindes, des Air Marshal Linnell, gerufen wurden; Linnell setzte Wallis in offensichtlich nur mühsam bewahrter Selbstbeherrschung davon in Kenntnis, daß vom Kriegsministerium Befehl ergangen sei, die Entwicklung und die Versuche mit der Dammsprengbombe und den umgebauten Lancaster-Bombern als Trägerflugzeugen umgehend voranzutreiben. Seine Wut hinunterwürgend sagte er: "Ich habe den Befehl vom Stab der Luftwaffe, Ihnen alles, was Sie benötigen, zur Verfügung zu stellen." Einige Tage später reichte Linnel sein Rücktrittsgesuch ein.

Viele Jahre später würde Wallis erklären: "Den halben Spaß im Leben macht der Kampf aus und nicht der daraus entstehende Erfolg." Jetzt war sein Kampf gegen die Bürokratie plötzlich und unerwartet vorbei - doch infolge der langen Verzögerung blieben ihm gerade nur acht Wochen, um seine Arbeit abzuschließen. Als er Linnells Raum verließ, fühlte er sich körperlich kränker und einsamer als je zuvor in seinem Leben. "Ich soll es nun doch machen", dachte er bei sich. Und laut sprach er aus: "Wenn ich nur jemanden zum Anlehnen hätte..." Der Leiter der Technischen

Entwicklung, Norbert Rowe, hatte ihn wohl belauscht, denn am nächsten Morgen traf ein Brief in Wallis´ Konstruktionsbüro ein: "Lieber Barnes Wallis" war darin zu lesen, "Ich war so beunruhigt, ihren unfreiwilligen Ausruf nach dem Treffen gestern zu hören: Wir Katholiken beten immer zum Heiligen Joseph, wenn wir in besonderen Schwierigkeiten sind." Er fügte den Wortlaut des Gebets bei, und Wallis schämte sich nicht, das Gebet in den nächsten Monaten jeden Morgen zu sprechen.

Auch jetzt erhielt Wallis noch nicht alles, was er benötigte. Er brauchte zweihundert Tonnen Stahl, um die Gußformen für die exakt kugelförmigen Bombenhüllen herstellen zu können. Sie wurden ihm verweigert, und er hatte sich damit zu bescheiden, die "Upkeep"-Ausführungen der Bombe pfannenähnlich zu gestalten, und diese mit hölzernen Umkleidungen zur Kugelform auszupolstern, die durch dicke Stahlbänder straff festgehalten wurden. Ein Hirngespinst verfolgte ihn - das des Versagens. Besprechung folgte auf Besprechung: Roy Chadwick, der berühmte Konstrukteur der Lancaster von der Firma Avro, kam, um die Veränderungen am Bomber zu besprechen; Group Captain Sidney Bufton traf ein, um eine besondere Bombertaktik auszuarbeiten, die angewandt werden sollte; Bewaffnungsfachleute kamen, um bei der Konstruktion eines Druckzünders (einer hydrostatischen Pistole) beizustehen, der robust genug war, den ersten Aufprall der Bombe auf das Wasser mit 300 Meilen pro Stunde auszuhalten, und dennoch so empfindlich blieb, daß er hochging, wenn die Bombe genau dreißig Fuß gesunken war. Die Firma Avro versprach, Wallis die erste der drei Versuchsmaschinen vom Typ Lancaster bis zum 1. April 1943 zu überlassen.

Wallis rotierte zwischen seinem geheimen Konstruktionsbüro im ehemaligen Clubhaus des Golfclubs in Burhill, dem Arsenal in

Woolwich, wo die Testbomben gefüllt wurden, und dem Testabwurfgelände. Bald arbeitete er neunzig Stunden die Woche. Er selbst entwarf und baute die mächtigen Greifarme, mit denen die Seiten der Rotationsbombe umfaßt würden, wenn diese im Bombenschacht der Lancaster hing. Er stellte führenden Wissenschaftlern der Regierung wie Professor Patrick Blackett so komplizierte Fragen wie etwa danach, wieviel Zeit verginge, bis sich die Wellen auf der Oberfläche des Möhnestausees nach jeder Bombendetonation legten, wenn eine Bombe nicht ausreichen würde, um den Damm zu sprengen. In einem Testdurchgang wurden die Vier-Fuß-Bomben in eine langsam zunehmende Drehung versetzt und dann plötzlich in eine speziell vorbereitete Grube mit Schmiere und Sandsäcken geworfen, um das Funktionieren der Abwurfvorrichtung zu testen. Alles schien planmäßig zu laufen. Am 24. März 1943 fuhr "Mutt" Summers nach Burhill. Er führte einen Fahrgast in seinem kleinen Fiat mit- einen Mann aus Cornwall mit jugendlichem Gesicht und lachenden Augen in der Uniform eines Wing Commanders der RAF. "Das ist Gibson, Guy Gibson.", stellte ihn Summers vor. "Gibson", schrieb Wallis in sein Tagebuch, "führt den großen Job aus". Gibson hatte bereits 173 andere "Jobs" für das Bomberkommando überlebt, die ihn in der Tat zu einem seltenen Vogel werden ließen. Über diese erste Begegnung mit dem Erfinder der Bombe schrieb Gibson später selbst: "Er blickte sich vorsichtig um, bevor er etwas sagte, und sprach dann abrupt aber gütig über seine dicke Brille hinweg: `Ich freue mich, daß Sie gekommen sind; ich nehme nicht an, daß Sie wissen, wozu.´ `Nein, fürchte ich. SASO (Senior Air Staff Officer: Chef des Luftwaffenstabes Saundby) sagte, daß Sie mir beinahe alles erzählen, was immer das bedeutet.´ Seine Augenbrauen hoben sich. `Wollen Sie sagen, Sie kennen das Angriffsziel nicht?´ fragte er. `Keinen blassen Schimmer.´ `Das macht es sehr unangenehm, sehr unangenehm... Nur sehr wenig Leute kennen es, und niemandem darf es gesagt werden, wenn sein Name nicht auf dieser Liste steht.´ Wallis fuchtelte mit einer Liste vor Gibson herum. Gibsons Name war nicht darauf. Das Endergebnis war, daß der junge Wing Commander zu seiner Spezialstaffel zurückkehrte und alles über die neue Bombe und die Tiefflugtaktik, die seine Bomber anzuwenden haben würden, wußte, aber keine Ahnung von dem Ziel hatte, daß sie angreifen würden.

Intensiver Übungsbetrieb begann, und bald überschwemmten Beschwerden über Tiefflüge das Hauptquartier der Bombergruppe. Ein ärgerlicher Bürgermeister schrieb, er habe tatsächlich Autofahrer sich ducken sehen unter den schwarzen viermotorigen Lancaster, die in nur 150 Fuß Höhe vorbeidonnerten. Was das Gruppenhauptquartier zurückschrieb, wurde zur Legende: "Unsere Piloten wurden jetzt angewiesen, anderen Straßenbenutzern gegenüber die gebührende Rücksichtsnahme zu erweisen..."

Verspätet wurde am 6. April 1943 die erste Spezialausführung der Lancaster nach Farnborough geliefert; ihre Geschützkanzel oben in der Mitte war abmontiert und spezielle Abänderungen waren am Bombenschacht vorgenommen worden. Jetzt wurde die erste "Upkeep"-Bombe in ihrer Ausgangslage zwischen den Greifern befestigt und der hydraulische Motor angekuppelt, um den Drall der Bombe zu überprüfen. An diesem Abend rief Wallis den neuen Leiter der Forschung und Entwicklung bei der RAF an und sagte ihm, alles sei "Okay". Alles war abgeschlossen, so daß die Lancaster zu ihren ersten Abwurfversuchen starten konnte. "Wir versuchen den ersten Abwurf bei etwa 270 Meilen in der Stunde", sagte Wallis dem Piloten Sam Browne, "und geben der Bombe einen Rückwärtsdrall von etwa dreihundert Umdrehungen in der Minute. Laß´ sie los, wenn Du auf Höhe bist, auf 150 Fuß."

Zuversichtlich wartete Barnes Wallis hinter der kleinen Kirchenruine am Strand bei Reculver im nördlichen Küstenabschnitt von Kent und schaute nach den Lancasters aus. Wing Commander Gibson kam kurz darauf vorgefahren und stellte sich dazu; beide fröstelten im kalten Morgenwind. Bald hörten sie das vertraute sonore Dröhnen der Lancastermotoren. Genau in der Zeit erschien der große Bomber aus der noch tiefstehenden frühmorgendlichen Sonne, gefolgt von einer zweiten etwas höherfliegenden Lancaster, die eine Filmkamera mit sich führte, um den Verlauf aufzuzeichnen. Unten an der ersten Lancaster hing die massige Dammbombe - die erste, die bisher getestet wurde. Als die Lancastermaschinen sich den weißen Markierbojen hundert Yards vor dem Strand näherten, fing Wallis an zu schreien, aussichtslos im Röhren der Maschinen: "Sam, Sam, Du bist zu hoch, Du bist zu hoch!" Gibson richtete sein Fernglas auf die schwarz und weiß gemusterte Bombe selbst, die bereits mit großer Geschwindigkeit rückwärts rotierte. Er hatte noch nie etwas dergleichen gesehen und fragte sich, was immer auf Erden das Zielobjekt für solch ein bemerkenswertes Gerät sein könnte. Er sah die Bombe sich langsam von der Lancaster lösen. "Sie schien lange in der Luft zu hängen bevor sie mit einem kolossalen Klatschen auf dem Wasser aufschlug", schrieb er. Eine Wasserfontäne wurde aus der See hochgeschleudert und verfehlte die Lancaster nur um einige Zentimeter. Doch anstatt zu springen taumelte die Bombe nur kurz aus dem brodelnden Gischtkessel wieder nach oben und versank dann spurlos. Nach dem Mittagessen wurde eine zweite Bombe abgeworfen, wobei der Bomber viel tiefer als vorher flog; diesmal löste sich die Bombe plötzlich in einen Schwall von Holzstücken, Stahlbändern und Eisenbolzen auf. Der schwere Stahlzylinder flog mit einer solchen Gewalt auseinander, daß ein Holzteil in das Heck der Lancaster einschlug und das Flugzeug beinahe zum Absturz gebracht hätte. Tief in Gedanken versunken stapfte Wallis zusammen mit Gibson über den Kiesstrand zu den Fahrzeugen zurück.

2. Kapitel

(In welchem Barnes Wallis seine Bombe zum Funktionieren bringt und der Handstreich anläuft.)

Barnes Wallis, der außergewöhnliche britische Erfinder, erschauerte, als die See ihm bis an den Hals ging. "Ich gerate noch unter das Zeug", ging ihm durch den Kopf. Er und eine Handvoll Männer in mittleren Jahren, die nur mit Unterhosen bekleidet waren, schoben sich langsam vorwärts auf ihrem Weg vom Ufer weg. Wäre noch jemand anders an jenem kühlen Aprilabend den verlassenen Strand entlanggeschlendert, hätte sich ihm ein eigenartiger Anblick dargeboten. Doch es gab keine Zuschauer: Man befand sich in Kriegszeiten. Es war der 17. April 1943, und alle Zufahrtsstraßen zu diesem abgeschiedenen Ort waren von Posten ständig abgesperrt worden. Wallis war einer der besten Luftfahrtingenieure Großbritanniens. Die anderen "Badegäste" waren führende Wissenschaftler und Verwaltungsbeamte. "Es hat keinen Sinn", seufzte Wallis nach einer Weile. "Wir suchen jetzt schon seit Stunden. Die Überreste müssen alle viel zu tief unten liegen. Gehen wir zurück zum Miramar und essen zu Mittag - mir wird's langsam kalt." Sie suchten nach den Resten eines Balles, den sie verloren hatten - einer viertonnigen Rotationsbombe. Ein tief fliegender Lancaster-Bomber hatte sie in die See abgeworfen, doch anstatt über die Wasseroberfläche zu hüpfen, war der "Ball" explodiert und vor ihren Augen versunken. Die springende Bombe war Wallis Erfindung - eine Erfindung, mit der sie hofften, die schwerbewachten deutschen Energie- und Wasserversorgungsstaudämme zerstören zu können, die lebenswichtig für das Ruhrgebiet, das Zentrum der deutschen Schwerindustrie, waren. "Der

Weg eines Ingenieurs, den Krieg zu gewinnen" war dafür seine Umschreibung "Ich verstehe das einfach nicht", sagte er zu dem Mathematikprofessor Taylor, als er seine dicke Hornbrille aus seinem Kleiderbündel heraussuchte und wieder auf seiner Nase plazierte. "Wir gaben der Bombe den richtigen Rückwärtsdrall, wir warfen sie in der richtigen Höhe ab und hatten die richtige Anflugsgeschwindigkeit. Und doch - peng! - zerfällt sie in Stükke." Er fröstelte in der kühlen Frühjahrsluft, als er sich mit dem einzig verfügbaren Tuch abtrocknete, einem großen Taschentuch. Er zweifelte nicht an seiner finsteren Zukunft. Die ganze Operation - Flugzeugbesatzungen, Flugzeuge und Bomben - mußte bis zum 10. Mai 1943 perfekt dastehen, und bis dahin waren es noch weniger als vier Wochen. Nur dann würde der Mond voll sein - und auch die Staubecken. Seit drei Jahren hatte er um Anerkennung für sein Projekt geworben, und jetzt endlich hatte man ihm zugehört. Er hatte maßstabsgetreue Modellstaudämme in die Luft gejagt und gezeigt, daß seine Theorie die Dämme mit Schockwellen zu zerstören, stimmte, mit der Einschränkung allerdings, daß die Bomben in direktem Kontakt zur Dammwand zur Explosion gebracht werden müßten. Er hatte kleine Bomben entwickelt, die über die Verteidigungsanlagen hinwegspringen und sich an die Dammwand pressen würden, während sie nach unten sanken. Kolossale Geldsummen waren inzwischen in die Operation investiert worden - nicht mehr nur die 400 Pfund, die seine winzigen Experimente mit den Modellstaudämmen in der Versuchsanstalt für Verkehrsforschung.gekostet hatten. Gegen den Widerstand von Militärs und Verwaltungsbeamten hatte Churchill eingegriffen und die Aufstellung einer besonderen Bomberstaffel mit Lancaster-Bombern befohlen, und diese Einheit, No. 617 Squadron, übte jetzt gerade für den Auftrag, die fünf großen Ruhrstaudämme zu zerstören. Einundzwanzig Lancaster-Bomber waren vom Fließband der Firma Avro genommen und erheblich umgebaut worden, damit sie die spezielle Rotationsbombe mitführen konnten, von der er, Wallis, versprochen hatte, daß sie das Kunststück vollbringen könne. So gab es jetzt also nur einen einzigen Haken an der Sache: die Bombe in ihren richtigen Ausmaßen war ein Reinfall. Das erste Mal, als sie abgeworfen wurde – ein monströser Stahlzylinder, der mit einer Holzverkleidung in die Form einer Kugel gebracht worden war – barst sie, sobald sie auf die Wasseroberfläche aufschlug. Das war alles andere als erfolgversprechend!

Einen Tag nach ihrer fruchtlosen Badepartie beobachteten Wallis und die anderen Experten weitere drei große Bomben, als sie von derselben Lancaster bei Reculver in den Kanal von England geworfen wurden. Zweien davon war ein spezieller Lacküberzug verpaßt worden, und die dritte war ganz aus Holz. Im ersten Anflug blieb die Rotation zwar erhalten, doch die Bombe versank sofort ohne hochzuspringen. Die zweite Bombe zerriss es in Stücke, gerade wie jene, die sie vor einigen Tagen abgeworfen hatten. Wallis stöhnte, und wappnete sich für den dritten Fehlschlag. Als die Lancaster dieses Mal vorbeidröhnte, passierte etwas unerwartetes. Die Bombe traf aufs Meer und die hölzerne Hülle löste sich auf wie vorher auch. Doch der freigelegte Stahlzylinder blieb erhalten, rotierte wie verrückt weiter, brach aus der turmhohen Gischt heraus und sprang ziemlich deutlich einige Male über die See; er hatte schließlich eine Strecke von siebenhundert Yards zurückgelegt. "Die Kugel ist zerbrochen," erklärte Wallis, mehr mit sich selbst sprechend als sich an andere richtend. "Doch der Zylinder hat funktioniert wie vorgesehen! Es hat funktioniert!" Er gab den Auftrag zur Herstellung von Bomben in Originalgröße, bei denen die Form des Stahlzylinders beibehalten, doch keinerlei hölzerne Verkleidung mehr angebracht werden sollte. Am 22. April frühmorgens warf die Lancaster ein solches Exemplar zu Testzwecken vor demselben verlassenen Strand aus einer Höhe von 185 Fuß ab. Auch dieser Test war ein Fehlschlag, doch Wallis war sich sicher, daß er einen Weg wußte die Schwierigkeiten zu beseitigen. Seine Mitarbeiter sahen, wie er nach seinem Rechenschieber und einem Block Papier griff. Zwei Tage später traf er sich mit Wing Commander Guy Gibson, dem Kommandeur des 617. Squadrons, und legte ihm die Sache dar. "Ich weiß, daß es schrecklich viele Fragen auf einmal sind," begann Wallis zögernd. "Sie müssen mir sofort sagen, wenn es nicht durchführbar ist. Können sie Ihre Flugzeuge auf eine Flughöhe von 60 statt 150 Fuß runterbringen und dabei exakt 232 Meilen die Stunde fliegen, bevor sie Ihre Bombe abwerfen?" Gibson zuckte zurück. "Wenn 150 Fuß schon niedrig sind, dann sind 60 sehr niedrig. In dieser Höhe brauchte man nur den Schluckauf zu bekommen, um in der Soße zu landen", dachte er bei sich. Doch antwortete er loyal: "Wir werden´s heute nacht versuchen." Als der Morgen dämmerte, an dem die abschließenden entscheidenden Versuche unternommen werden sollten, goß es in Strömen, und ein eisiger Wind ging. Noch einmal drängten sich Wallis und die Experten des Luftfahrtministeriums auf dem Strandvorsprung bei Reculver. Gerade noch sechzig Fuß hoch donnerte der schwarze Lancaster-Bomber an ihnen vorüber. Als der nackte Stahlzylinder aus dem Bombenschacht ausklinkte und langsam auf die See zu fiel, betete Wallis stumm. Die Bombe schlug mit einem Platschen auf dem Meer auf - und kam aus dem Gischtkessel mit einem gewaltigen Satz wieder heraus. Sie sprang hoch, sprang und sprang wieder, ließ bei jedem Sprung einige hundert Meter hinter sich, hohe Wasserfontänen aufwerfend, gerade als ob ein unsichtbarer Riese über das Meer stampfen würde. Dann wurde sie langsamer und versank. Wallis hatte es geschafft! Vor seinem geistigen Auge sah er in dem Augenblick, als seine "Springende Bombe" aus dem Blick verschwand, eine gewaltige, aus den Wellen ragende Mauerwand am Horizont, - eine Wand, die plötzlich von einer Explosion zerfetzt wurde und unter dem Druck von Millionen Tonnen Wassers zerbrach: die Möhnetalsperre. Dann umringten ihn die anderen, klopften ihm auf den Rücken und beglückwünschten ihn. Wallis gestattete sich ein vorsichtiges Lächeln, als er zu seinem Fahrzeug zurückkehrte.

Ein Versuch allein reichte natürlich nicht aus. Andere Tests folgten, um die Geschwindigkeit des Flugzeugs mit dem Rückwärtsdrall der Bombe exakt abzustimmen. Eine Möglichkeit mußte für die Flugzeuge gefunden werden, daß sie bei Nacht über einem ruhigen Gewässer in genau sechzig Fuß Höhe fliegen konnten - ein scheinbar selbstmörderisches Vorhaben. Dann erinnerte sich jemand daran, daß ein ähnliches Problem schon im Ersten Weltkrieg von einem Erfinder gelöst worden war, der vorgeschlagen hatte, zwei Scheinwerfer unten an einem Flugzeug in einem bestimmten Winkel zueinander zu befestigen, so daß sich deren Lichtkegel nur dann kreuzten, wenn eine bestimmte Flughöhe eingehalten wurde. Nach einer überraschend kurzen Zeit fand man den Originalapparat staubbedeckt in einem Lagerhaus in Farnborough und richtete das Ding zurecht für Guy Gibsons Squadron. An einem Tag Anfang Mai warf eine Lancaster die erste Spezialbombe ab, die mit Sprengstoff voll bepackt war: eine hohe Wassersäule schoß nach oben, sie türmte sich über 1000 Fuß hoch in den Himmel. Barnes Wallis Arbeit an dem Kampfmittel war abgeschlossen; alles lag nun bei Gibson und seinen Besatzungen.

*

Am Samstag des 15. Mai stieg Wallis um drei Uhr nachmittags zusammen mit seinem Testpiloten "Mutt" Summers und Major Kilner, dem Geschäftsführer der Vickers-Werke, in eine weiße Wellington ein.. Es befand sich ein großes rotes Kreuz an den

Flanken des Flugzeugs - es war das einzige, das verfügbar war. In brütendem Schweigen flog die kleine Gesellschaft vom Vickersflugplatz in Weybridge hoch nach Scampton zur Operationsbasis der Bomber. Die neunzehn besonders umgebauten schwarzen Lancaster-Bomber der 617. Squadron standen bereits in ihren Auflockerungsräumen. Guy Gibson begegnete Wallis, als er gerade die Leiter herunter aus der Wellington kletterte. "Der AOC hat mir gerade gesagt, daß wir den Job morgen nacht machen werden, wenn das Wetter hält," sagte er zu ihm. Wallis nickte abwesend; er konnte es noch nicht glauben, daß nach drei Jahren zusehends nervenzerreibenden Kampfes gegen die Bürokratie nun doch der Tag gekommen war, an dem 131 handverlesene Offiziere und Mannschaften der RAF ihr Leben auf die Genauigkeit seiner Berechnungen setzen sollten. Wie sollte er diesen Männern gegenüber seine Gefühle ausdrücken? Er war beinahe sechzig - sie waren alle fast ausnahmslos noch keine dreiundzwanzig Jahre alt, sorglos dreinschauend und eifrig bei der Sache. So jung sie auch waren, ihre Gesichter trugen die in den Kämpfen hartgewordenen Züge von Veteranen. Jeder hatte zwei Einsätze bei Bomberoperationen hinter sich, es befand sich also kein Neuling unter ihnen: alle waren ausgezeichnet worden und Experten in ihren Flugzeugen. Um sechs Uhr sah der Erfinder zum ersten Mal die neunzehn Flugzeugkommandanten: ein Stück Kreide in der Hand, stand er auf einem Podest im fast leeren Einsatzbesprechungsraum und spulte seine inzwischen vertraute Erklärung über die große Bedeutung der Ruhrtalsperren für Hitlers Kriegsindustrie ab. Während er sprach, rekapitulierte Wallis in Gedanken, wie oft vorher er diesen Angriff gefordert hatte. Was wäre, wenn es da sogar jetzt noch unberücksichtigte Faktoren gäbe, die seine Theorien widerlegen könnten? Die Wirkung der Schwerkraft in einem solch gewaltigen Gefüge wie der Möhnetalsperre zum Beispiel? Es war fruchtlos, darüber nachzudenken. Wallis beendete seine Ausführungen. Durch seine

Brille ließ er den Blick über die neugierigen Gesichter schweifen und sagte: "Sie sehen, meine Herren, Sie führen in der Tat das dritte von drei großen Experimenten durch: wir haben das alles an Modellstaudämmen ausprobiert und wir haben es an einem Damm von der Größe eines Fünftels der Möhnetalsperre getestet. Ich kann nicht garantieren, daß es klappt. Doch ich hoffe, es wird klappen..."

Gigantische achträdrige Lastwagen rollten über den Flugplatz, als er den Besprechungsraum verließ. Ein jeder von ihnen war mit den großen Zylinderbomben beladen, die mit Planen bedeckt waren, und ein jeder war noch heißgelaufen von den vier Tonnen des speziellen Sprengstoffs, den man im Arsenal von Woolwich in die Bomben gefüllt hatte. In Guy Gibsons überfülltem Büro wurden die letzten Pläne ausgeheckt. Codeworte mußten abgesprochen werden, letztminütige Änderungen an der Flugstrecke der Bomber wurden ausgearbeitet. Er und Wallis blieben da bis nach Mitternacht. Morgen um diese Zeit würde Gibson bereits über der Möhnetalsperre sein, und Wallis würde wissen, ob seine Berechnungen gestimmt hatten.

*

Es war schon spät am Sonntagmorgen, als Barnes Wallis aufwachte. Ein milder, sonniger Tag war angebrochen, wie er selten im Mai zu finden ist. Wallis frühstückte spät und verbrachte den Nachmittag, in dem er an den Spezialausführungen der Lancaster arbeitete. Jede Besatzung wollte, daß er bei ihnen überprüfte, ob ihre Bombe richtig rotierte. Um die Mittagszeit traf die letzte der umgebauten Lancaster ein, brandneu direkt aus den Avro-Werken. Neunzehn Flugzeuge und deren Besatzungen standen nun bereit. Um drei Uhr hämmerten die klappernden Lettern der Fernschreiber in Scampton einen Fernspruch des Hauptquartiers der 5.

Bombergruppe auf die Papierrolle: "Deckname für Operation 5. Gruppe Befehl B.976 ist `Chastise´ (Züchtigung)" Zehn Minuten später waren die Würfel endgültig für diese Nacht gefallen: "Führen Sie Operation "Züchtigung" durch am 16. Mai 1943, Ablaufzeit 11.48 Uhr." Drei Stunden später instruierte Wallis noch einmal die Bomberbesatzungen hinter verschlossenen Türen. Sie sahen müde und gestreßt aus. Kein Wunder, hatten sie doch während zwei Monaten intensiven Trainings für die Operation "Chastise" beinahe zweitausend Stunden in nervenaufreibendem Tiefflug querfeldein, meist in der Dunkelheit, absolviert. Als sie aus dem Besprechungsraum herausströmten, drehte sich Wallis zu Gibson um und sagte zu ihm mit gedämpfter Stimme: "Ich hoffe, daß alle zurückkommen werden." "Wenn nicht, so ist das nicht Ihre Schuld", kam die Antwort zurück.

Gibsons Stellvertreter, der dreiundzwanzigjährige "Hoppy" Hopgood, rief: "Hey, Gibby, wenn Du nicht zurückkommst, kann ich dann morgen Dein Frühstücksei haben?" Das war der älteste Witz der RAF-Flugzeugbesatzungen. Er verschleierte Hopgoods eigene Besorgnis: als seine Besatzung an Bord der Lancaster kletterte, meinte er: "Die erste Maschine, die den Damm angreift, wird vielleicht die Flak-Kanoniere überraschen, wenn sie noch die Hosen unten haben. Aber die zweite, die angreift, wird nicht das Glück haben - und das sind wir, Kameraden."

Wallis stand auf dem Flugplatz und schaute zu, wie die schweren, mit seiner Bombe beladenen Bomber die Startbahn hinunterrumpelten und sich in die Luft erhoben. Niemand außer den Besatzungen wußte, daß dies der scharfe Einsatz war. Es gab nicht einmal die übliche Abschiedsfeier der WAAF und des Bodenpersonals, bei der ihnen nachgewinkt wurde. Bald hatte das letzte Flugzeug in die mondhelle Nacht abgehoben. Der feuchte Dunst von Lincolnshire zog über den nahezu leergefegten Flugplatz.

Barnes Wallis schlenderte in das Offizierskasino, doch sein Appetit auf ein Abendessen war ihm fast vergangen. Er fragte sich, wieviele dieser jungen Männer wohl zurückkehren würden.

In der Zeit, in der er sein Mahl beendet hatte, waren schon sieben gefallen - ausgelöscht in einer Flammenwand, als die Lancaster "K" wie "Kite", geflogen von Sergeant G. W. Byers, auf den Waddensee in Holland traf und von einer Flak-Batterie, die auf einer der vorgelagerten niederländischen Inseln in Stellung lag, getroffen wurde. Er war in dreihundert Fuß Höhe anstatt der befohlenen sechzig Fuß geflogen, und das hatte sich vielleicht als sein Unglück erwiesen.

Um zwei nach elf drangen die ersten zwei Wellen Bomber der 617. Squadron über den feindlichen Küsten an weit auseinander liegenden Punkten ein, um so die Jäger der deutschen Luftwaffe aufzusplittern. Als Guy Gibsons eigener kleiner Verband von drei Lancastern die Seen bei Haltern erreichte, gerieten sie über ein nicht erwartetes Flaknest. Innerhalb weniger Sekunden wurden alle drei Flugzeuge von den verwirrenden Lichtgarben der Suchscheinwerfer eingefangen. Gibson warf seine Maschine abrupt auf die Seite und entkam unversehrt.

Flight Lieutenant Hopgoods "M-Mother" wurde plötzlich durcheinandergeschüttelt, als eine Granate in die Tragfläche auf der Backbordseite einschlug. Granaten explodierten in der Pilotenkanzel und über den Bordfunk hörte der Rest der Besatzung "Hoppys" Bordmechaniker keuchen: "Verdammter Mist...!" "Hoppy" war ins Gesicht getroffen worden, und Blut strömte aus einer Wunde. Er rief grimmig nach seinem Bordmechaniker: "Keine Aufregung. Drücke Dein Taschentuch darauf." Er schaltete seinen UKW-Sender ein und rief Gibson an: "Wir wurden getroffen, Sir. Aber wir machen weiter. Bis später dann, am

Einsatzziel." Er überprüfte seine Besatzung, einen nach dem anderen: es kam keine Antwort vom vorderen Bordschützen. "Gregory muß es erwischt haben", dachte er. Die Flugzeuge flogen jetzt so niedrig, daß Unfälle zwangsläufig passieren mußten. Eine Maschine ging über dem Zuidersee so tief hinunter, daß ihre Bombe, die unter dem Bombenschacht hing, von einer Welle weggerissen wurde. Dennoch raste das bombenlose Flugzeug weiter. Der Lärm über Grund muß ohrenbetäubend gewesen sein.

Flight Lieutenant Hopgood sah plötzlich durch einen Schmerzschleier hindurch, daß er genau auf eine Hochspannungsleitung zusteuerte. Er war nur sechzig Fuß hoch und fällte in Sekundenbruchteilen eine Entscheidung: Er drückte seinen Steuerhebel nach vorne und stieß unter den Kabeln durch. Als das Heck des Flugzeugs sich aufrichtete, wußte der Heckschütze, Pilot Officer Tony Burcher, daß sie es geschafft hatten. Er sah noch die Schatten der Kabel über seinen Geschützturm peitschen, dann war die Gefahr vorüber.

Der Führer der zweiten Welle, Flight Lieutenant Bill Astell, kam kurz nach Mitternacht von seinem Weg ab: es war nur für den Bruchteil einer Sekunde, doch lange genug, um ihm den Tod zu bringen. Nachdem er den Kanal überquert hatte, mußte er sich kurz nach Süden wenden, um einen Orientierungspunkt zu finden und wurde umgehend von Maschinengewehrschützen auf dem Flugplatz von Gilze-Rijen abgeschossen. Außer Kontrolle geraten krachte seine "B-Baker" in einen Barackenblock am Rande des Flugplatzes und explodierte in einem langanhaltenden roten Leuchten, das für einen Augenblick so anschwoll, daß es den ganzen Himmel aufhellte. Die anderen Lancasterbesatzungen sahen die Rauchwolken; langsam verschwanden sie in die Entfernung bis sie außer Sicht des restlichen Verbandes waren.

In der "G-George" warf Wing Commander Guy Gibson einen flüchtigen Blick auf seine Uhr. Eine Viertelstunde nach Mitternacht. "Nun, Jungs, ich denke, wir sollten den Ball jetzt anrollen lassen!" Er meinte das wörtlich. Der Bordmechaniker schlug schnell auf einen Schalter, und die Spezialbombe, die zwischen mächtigen Greifbacken im Bombenschacht hing, begann an Schwung gewinnend zu rotieren. Einige Minuten später meldete der Bordmechaniker: "Fünfhundert Umdrehungen, Sir." Gibson schaltete seinen Funk ein: "Alle Flugzeuge rüberschalten zur Funksprechkontrolle." Vor sich konnte er die Anhöhen der Ruhr auf sich zukommen sehen. Er ließ die Lancaster steigen und setzte an Höhe sparend glatt über sie hinweg. Da rief sein Bombenrichtschütze: "Wir sind da!" Da lag der Möhnestausee vor ihnen, und weit entfernt an seinem Ende als Schattenriß im Mondlicht der Damm, 2.100 Fuß lang. Der See stand so hoch, daß seine Brüstung kaum über die spiegelnde Wasseroberfläche schaute. "Großer Gott - können wir den knacken?" keuchte Gibson. Die Möhnetalsperre sah mit ihrem niedrigen Freibord und den zwei Steintürmen wie ein riesiges, drohendes und uneinnehmbares Schlachtschiff aus. Das Schlachtschiff feuerte jetzt eine Breitseite aus zwölf oder fünfzehn Flaks auf sie ab, und noch mehr davon gab es am Nordufer des Stausees. Die tödlichen Schnüre des Leuchtspurfeuers zogen sich über den See, ungezielt, weil die Flugzeuge noch kaum zu sehen waren, und ihr Echo hallte von jeder Anhöhe wider. Gibson rief jede Lancaster seines Verbandes der Reihe nach auf. Alle außer Bill Astell meldeten sich. Astell war inzwischen schon seit fünfundzwanzig Minuten tot. "An alle `Cooler´-Flugzeuge: Ich greife an. Warten Sie und greifen Sie der Reihenfolge nach an, wenn ich es befehle...". Es war genau achtundzwanzig Minuten nach Mitternacht. Gibson zog seine Lancaster herum und tauchte über die Bewaldung, die den Stausee säumte. "Du wirst die Bäume mitnehmen", schrie "Spam" Spafford, Gibsons Bombenrichtschütze. "Das geht klar, Spam - ich gehe nur gerade auf meine Höhe." Sein Navigator Tery Taerum schaltete die zwei Scheinwerfer an. Ab jetzt konnte die Sache wirklich gefährlich werden. Er beobachtete die zwei kurzen Lichtstreifen, die direkt vor dem Flugzeug auf den See gestrahlt wurden. Sie waren noch etwas auseinander. "Tiefer...tiefer...tiefer...", kommandierte er. Gibson rutschte nervös in seinem Sitz umher, als das Wasser dem dahindonnernden Flugzeug näher und näher kam. "In Ordnung!" hörte er Terrys Stimme rufen. "Höhe halten." Sie waren jetzt genau 60 Fuß hoch. Spam klickte den Sicherungsschalter der Bombe auf die Stellung "scharf". Eine Meile vor ihnen schrie einer der deutschen Kanoniere: "Sie haben ihre Landescheinwerfer eingeschaltet! Die müssen verrückt sein!" Ein Hagel von Feuer prasselte von der Höhe des Dammes und konzentrierte sich auf das herannahende Flugzeug. Zusammengekauert hinter seinen Armaturen dachte Gibson bei sich: "In den nächsten zwanzig Sekunden werden wir alle tot sein." Spafford schrie: "Bombe ab!" Der schwarze Zylinder schlüpfte aus seiner Klammer. Als er nach unten weg fiel, ruckte der Bomber nach oben. Die Bombe schlug auf den See, sprang einmal auf...zweimal...dreimal, mit jedem ihrer riesigen Sprünge hunderte Yards überwindend. Sie knallte gegen die Brüstung des Dammes, genau zwischen den Schleusentürmen - ein großartiger Zielwurf. Die Bombe prallte ab und versank im See. Die Sekunden verstrichen. Gibsons Bordfunker feuerte eine rote Leuchtpatrone ab, als sie über den Staudamm flogen. In dem Moment, als die Leuchtkugel in den Himmel aufstieg, gab es eine ungeheure Explosion und eine Säule von Wasser und Gischt schoß aus dem See ungefähr dreihundert Meter über den Damm hoch Es war das spektakulärste Schauspiel, das sie je gesehen hatten - diese silbrige Wassersäule, deren eine Seite im Licht der roten Signalkugel gespenstisch rot glänzte. Aber noch hielt der Damm. Gibson befahl seinem Bordfunker, in der abgesprochenen Verschlüsselung nach

England zu melden, daß sie die Spezialbombe abgeworfen hätten, daß sie nur fünf Yards vom Damm entfernt explodiert war und daß der Damm nicht gebrochen sei.

*

Kurz vor Mitternacht fuhr eine große schwarze Limousine an der Wachstube des Hauptquartiers der 5. Gruppe in Grantham vor. Der Fahrer blinkte den Posten mit den Scheinwerfern ein spezielles Erkennungszeichen zu; die Wachen traten zurück und ließen das Fahrzeug sofort passieren. Es war der Air Chief Marshal Sir Arthur Harris, der Kommandeur des Bomberkommandos - sonst bekannt als "Schlächter" Harris. Er schritt in die Operationszentrale des Hauptquartiers. Dort befand sich bereits Barnes Wallis. Vor einer Stunde war er vom Flugplatz Scampton herübergefahren. "Schon irgendeine Nachricht?" bellte Harris. "Außer einer frühen Flakwarnung von Gibson gibt´s noch überhaupt nichts", antwortete Vice-Marshal Cochrane, der Group Commander. "Aber sie müßten jeden Augenblick angreifen." Eine der langen Wände des Raumes wurde von einer Tafel beherrscht, auf der die sich im Einsatz befindenden Bomber aufgelistet worden waren. Auf einem Podium an der gegenüberliegenden Wand saßen die diensthabenden Offiziere und hielten telefonisch Verbindung zur Funkstation. Barnes Wallis hatte schon lange damit aufgehört, auf- und abzulaufen und saß nun wie ein Häuflein Elend auf der kleinen Treppe, die auf das Podium führte. Plötzlich war ein Schrei zu hören. "Da kommt gerade eine Meldung durch, Sir." Der leitende Fernmeldeoffizier hatte den Telefonhörer am Ohr. "Sie ist von Wing Commander Gibson: "GONER - Bombe explodierte fünf Yards vor Damm, kein sichtbarer Riß." Er wartete. Dann fügte er hinzu: "Das ist alles." Also war Gibsons Bombe richtig plaziert worden, doch der Damm stand noch. Ein eisiges Frösteln ergriff Wallis: "All die Leben", dachte er bei sich. Er vergrub sein Gesicht in den Händen; aus dem Winkel seiner Augen konnte er die zwei Air Marshals am anderen Ende des Raumes sehen, und es war deutlich bemerkbar, wie sich Verdruß in "Schlächter" Harris´ dicken Gesichtszügen breitmachte.

Ein Schatten der Angst hing über dem Gesicht des 52jährigen deutschen Werkmeisters Clemens Köhler, der sich allein im 6000-Kilowatt-Turbinenhaus unterhalb der Möhnetalsperre befand. Es gab jetzt keinen Zweifel mehr! Die Briten griffen seinen Staudamm an. Ein Ausguck auf dem Bismarck-Turm hatte zwanzig Minuten nach Mitternacht den Alarm ausgelöst, gerade als die erste Lancaster den See zu umkreisen begann. Zunächst hatte der kleine, aber drahtige Werkmeister keine Sorge - Fliegerangriffswarnungen waren 1943 an der Ruhr nicht ungewöhnlich. Doch plötzlich klickte etwas in seinem Kopf: Heute war Vollmond, und die RAF wagte sich normalerweise im Mondlicht nicht über die Ruhr. Und heute war der Wasserstand des Stausees höher als er jemals zuvor gewesen war. Bald wurden seine Befürchtungen bestätigt. Die britischen Bomber dröhnten nicht hoch über sie hinweg - sie schwärmten wie wilde Bienen am anderen Ende seines Sees, und eine kam näher. Köhlers Hand griff nach dem Telefon. Mit zitternden Fingern wählte er die Nummer des Büros der Vereinigten Elektrizitätswerke von Westfalen in Niederense und Neheim - den kleinen Städtchen gerade im Tal unterhalb. Der Lärm der Flugzeugmotoren war jetzt sehr laut. Heiser vor Furcht schrie er: "Diesmal greifen sie den Damm an!" Die Stimme am anderen Ende der Leitung war zuerst schläfrig, dann ausgesprochen ungläubig. Köhler warf den Hörer hin und rannte zur Türe. Als er die Türe aufstieß, hörte er, wie die Flak auf beiden Türmen wild feuerte; dann donnerte Guy Gibsons Lancaster kaum 100 Fuß hoch über ihn hinweg, das ganze Tal bebte vom Röhren ihrer vier Rolls-Royce-Merlin-Motoren. Eine gewaltige Explosion zerrte an Köhlers Lungen, und Wasser schoß über die Höhe des Damms. Bis zur Haut durchnäßt fing Köhler an zu rennen - er rannte, wie er nie vorher je gerannt war, bis er die Talseite hunderte Meter weiter weg erreicht hatte; und dann plumpste er halb am Hang unter einer Lärche auf den Boden. Er drehte sich um und starrte wie hypnotisiert zum mondbeschienenen Damm hinüber. Er war noch nicht gebrochen.

Gibson funkte das zweite seiner Flugzeuge an, das angreifen sollte. "An M-Mother, greifen Sie jetzt an. Viel Glück!" "Hoppy" Hopgood, dessen Gesicht vom Blutverlust taub geworden war, grunzte: "In Ordnung, Angriff." Über seinen Bordfunk befahl er: "Achtung, Heckschütze. Sie bauen ein schreckenerregendes Sperrfeuer vor uns auf." Weil er nach hinten gerichtet war, konnte Pilot Officer Tony Burcher, der Heckschütze der "M-Mother", nicht viel sehen. Er befeuchtete seine Lippen und sah die Oberfläche des Sees auf seine Geschützkanzel zukommen. Ströme von Leuchtspurgeschossen und Granaten blitzten auf beiden Seiten an seiner Kanzel vorbei, als die Lancaster auf den Damm zuraste. Er schwang seine Kanzel herum in Kursrichtung, bereit, das Feuer auf die Staudammkanoniere zu eröffnen, sobald sie in seinen Wirkungsbereich kamen. "Der vordere Bordschütze feuert nicht", bemerkte Burcher, "er muß schon tot sein." Er konnte den Navigator zum Piloten sagen hören, daß er die Maschine tiefer nehmen solle - und dann noch tiefer. Plötzlich gab es ein Krachen und Pfeifen, Funken und Flammen sprühten an Burchers Kanzel vorbei. "Christus, wir haben Feuer an Bord!" schrie der Bordmechaniker. "Propeller Nummer zwei auf Gleitstellung", befahl Hopgood. Der erschreckte Bombenrichtschütze gab die Bombe ungefähr eine Fünftelsekunde zu spät frei - sie sprang über den See, schlug in der Brüstung des Dammes ein und explodierte in einem intensiven gelben Blitz. "Fertigmachen zum Notabsprung!" Das war Hoppys Stimme. Burcher versuchte verzweifelt, seine Kanzel auf die Längsachsenstellung herumzudrehen, doch die Hydraulik erhielt ihre Energie vom nächstliegenden Motor auf der Backbordseite, und der war nur noch ein Flammenbündel. Die Kanzel würde sich nicht vom Fleck rühren. "Ich sitze in der Falle." Sein Fallschirm hing im Rumpf, und da kam er erst hin, wenn die Kanzel in der Längsachsenstellung war. Der Fallschirm! Was für einen Sinn hatte ein Fallschirm auf Höhe Null? Wie ein Besessener fing er an, mit der Handkurbel zu kurbeln, und er bewegte die Kanzel damit langsam herum. "Hoppy" Hopgood, der Kommandant der Lancaster, wischte sich das Blut aus den Augen und klammerte sich grimmig mit seiner freien Hand an den Armaturen fest. Aber das Flugzeug verlor an Antrieb, und er konnte keine größere Höhe gewinnen. Er wußte, daß er selbst niemals lebend herauskommen würde. Doch gab es einen letzten Dienst, den er seiner Besatzung erweisen könnte, und das tat Gibson auch: er brachte die Lancaster in eine Rechtskurve, weg vom Tal, das zum Ersaufen verdammt war.

Gibsons restliche Besatzungen hatten die rote Leuchtkugel gesehen, die Hopgoods Bordfunker Sergeant Minchin abgefeuert hatte, als die Bombe fiel. Jetzt waren sie gelähmt vom schrecklichen Anblick jener Lancaster, die von Flight Lieutenant Hopgood geflogen wurde, dem liebenswürdigen englischen Jungen, den sie alle so liebgewonnen hatten; sie stürzte in die Nacht, einen größerwerdenden Feuerschweif hinter sich herziehend.

Burcher war inzwischen im Rumpf und kämpfte damit, seinen Fallschirm aufzusetzen. Die Heckluke flog auf, und er sah, daß Minchin sie geöffnet hatte. Der Bordfunker hatte sich im Rumpf des Flugzeugs entlanggeschleppt, sein rechtes Bein war ihm weggeschossen worden. Burcher hätte nun hinausspringen können, doch er griff hastig nach Minchins Schirm und befestigte ihn vorschriftsmäßig an dem fahlgesichtigen, sterbenden Mann. Dann schleuderte er ihn aus dem Flugzeug. Er hielt Minchins Aufziehgriff fest, doch er sah keinen Schirm sich öffnen. Immer noch im Flugzeug, zog Burcher seine eigene Reißleine und bündelte von dem Seidenschirm so viel wie er nur konnte unter seinem Arm. Dann stöpselte er in einer mechanischen Bewegung -es war die Handlung eines außerordentlich gut ausgebildeten Offiziers - sein Bordfunkgerät in die Steckdose neben der Heckluke und keuchte: "Heckschütze verläßt jetzt Maschine!" Er hörte Hoppy gellend schreien: "Um Himmels Willen, hau ab!" Das waren die letzten Worte, die Hopgood je sprach. "M-Mother" explodierte in einer Wand aus Feuer, als die Flammen die Haupttreibstofftanks in den Tragflächen erreicht hatten. Burcher wurde in die Luft katapultiert, sein Rücken von einem Leitwerkteil des Flugzeugs gebrochen. Weniger als zweihundert Fuß weiter unten, raste der Boden auf ihn zu, und eine qualvolle Dunkelheit deckte sein Bewußtsein zu.

Drittes Kapitel

(In welchem die Ruhr-Staudämme zerstört werden)

Pilot Officer Anthony Burcher von der Königlich Australischen Luftwaffe, der Royal Australian Air Force, 21 Jahre alt, lag auf einem zerbröselten Haufen inmitten von etwas, das sich wie ein gepflügter Acker anfühlte. Er öffnete seine Augen und sah den Mond und die Sterne. "Guter Gott," dachte er, "ich lebe noch!" Er konnte den vertrauten Klang der Lancaster-Bombermotoren hören, der im Tal widerhallte. Er fragte sich, was mit seinem eigenen Flugzeug, der "M-Mother", passiert war; noch vor wenigen Minuten hatte er in seiner Geschützkanzel gekauert, die Wasseroberfläche sechzig Fuß unter sich vorbeiflitzen und Ströme von Leuchtspurgeschossen an beiden Seiten vorbeistreichen sehen. Er hatte Hunger. Instinktiv schob er seine Hand in seinen blauen Polorollkragenpullover und tastete nach dem Horlick-Tablettenfläschchen. Seine Mutter - weit weg in Goulburn in Australien - hatte gehört, daß jedermann in England hungere und schickte ihrem Jungen Tony jeden Monat einen Vorrat an Tabletten, um ihn am Leben zu erhalten, bis er wieder heimkehren konnte. Sein Spind in Scampton war voll davon. Zum Teufel, er war froh über den Impuls, der ihn auf dem Weg zum Einsatzbesprechungsraum hinüber eine Schachtel davon hatte einstecken lassen. Der Besprechungsraum ... plötzlich stürzte alles wieder auf ihn ein. Seine Lancaster war eine von neunzehn gewesen, die vom 617. Squadron mit dem Auftrag ausgesandt worden waren, die fünf lebenswichtigen Talsperren zu zerstören, welche die Rüstungsindustrie an der Ruhr mit all ihrem Wasser versorgten. "M-Mother" war die zweite Maschine gewesen, die das erste Ziel, den größten Damm, anzugreifen hatte - den Möhne-Damm. Aber sie war von der Flak getroffen worden und explodiert, genau über dem Damm in nur einhundertundfünfzig Fuß Höhe. Wie hatte er überleben können?

Mit der dumpfen Ahnung einer unabwendbare Katastrophe bemerkte Tony Burcher, daß sich irgendwo im Tal oberhalb der Stelle, wo er lag, die Talsperre befand, die seine Kameraden just in diesem Augenblick zu zerstören versuchten. In wenigen Minuten würde er in der Tat sehr naß werden, wenn er nicht wegrennen könnte. Doch sein Rücken fühlte sich an, als sei er gebrochen. Wenn ein Mensch sterben muß, treibt ihn der Instinkt dazu, dies unbeobachtet hinter sich zu bringen. Unter größten Schwierigkeiten schleppte Burcher seinen geschundenen Körper über den Acker und verbarg sich in einer Röhre, wo er in die Bewußtlosigkeit zurückglitt. Und nur eine Meile entfernt warteten die 23.000 Seelen in der kleinen Talstadt Neheim in ihren Kellern und Luftschutzbunkern - warteten auf die Entwarnungssirenen; vollkommen ahnungslos, daß die RAF die Dämme über ihnen angriff.

Die Bombe, welche von der "M-Mother" kurz vor deren Explosion abgeworfen worden war, war über die Dammlinie gesprungen und in das Dach des darunterliegenden Kraftwerks eingeschlagen. Der Rauch des brennenden Hauses vermischte sich mit der Gischt, die von den vorherigen Detonationen auf der Seeseite des Dammes hochgeschleudert worden war, und hüllte das ganze Zielgelände ein. Das geschah wenige Minuten, bevor Commander Guy Gibson sich entschloß, den Angriff fortzusetzen. Einige Minuten nach halb Eins befahl er Flight Lieutenant Mick Martin mit seiner "P-Popsy" - so nannte Martin inoffiziell sein Flugzeug - anzugreifen. Die Nachtluft war noch immer voll von dem hochgesprühten Wasser, das auf die Scheiben des Flugzeugs schlug; zuerst konnte Martins Bombenrichtschütze das Ziel kaum erkennen - da war nur der weitentfernte, verschwommene Schein des Wrackes der "M-Mother", das etwa zwei Meilen hinter dem Damm in den Hügeln brannte. Auch, als die Entfernung bis auf etwas über eine Meile zusammengeschrumpft war, konnte er nur einen der beiden markanten Schleusentürme durch die dichten Rauch- und Staubschwaden erkennen. Er mußte jedoch beide sehen, um die Entfernung richtig abschätzen zu können. Wing Commander Gibson erkannte, daß Martins einzige Hoffnung auf Erfolg darin bestand, daß die Aufmerksamkeit der feindlichen Kanoniere abgelenkt wurde. Er schaltete alle seine Flugzeugbeleuchtungen an, flog parallel zur "P-Popsy" und fiel mit seinen Bordkanonen, die zu 100 Prozent mit Leuchtspur aufmunitioniert waren, über die Verteidiger her. Martins Bombenrichtschütze erhaschte nur im letzten Augenblick noch einen Blick auf beide Schleusentürme. Er drückte auf Auslöser, und die Spezialbombe sprang über den See auf den Damm zu. Der Rauch schien die Flak-Kanoniere überhaupt nicht zu behindern, und Martin spürte, wie sich sein Flugzeug schüttelte, als eine Garbe von 20 mm-Granaten in seinen äußeren Treibstofftank auf Steuerbord und in die Querruder einschlug. Ein Strahl schnell verdunstenden Treibstoffs strömte hinter das Flugzeug hinaus, doch wie durch ein Wunder fing er kein Feuer. Eine gewaltige Wasserfontäne schoß achthundert Fuß in die Luft, als Martins Bombe explodierte. Doch sie mußten sich in der Abwurfentfernung etwas verschätzt haben, denn die Basis der Fontäne lag nicht genau im Zentrum des Dammes. Die gigantische Druckwelle fegte zwei der deutschen Kanoniere von ihren Türmen; sie lagen bewußtlos auf dem Scheitel des Dammes. Martin funkte an Guy Gibson: "Alles klar - Angriff beendet."

Als die Nachricht von diesem dritten erfolglosen Angriff im Hauptquartier der Bombergruppe in Gratham eintraf, breitete sich in der Operationszentrale die klamme Luft völliger Verzweiflung aus. Barnes Wallis, der Erfinder der Spezialbombe, vergrub seinen Kopf noch tiefer zwischen seinen Händen, um sich den bösen Blicken der zwei auf- und abwandernden Air Marshals zu entziehen.

Doch Clemens Köhler, der Werkmeister des Möhnekraftwerks, hatte etwas gesehen, das noch keiner der britischen Flieger sehen konnte. Köhler war gerade rechtzeitig aus dem Kraftwerk herausgelangt und saß nun unter einer Lärche auf der halben Höhe des Tales. Und das, was er sehen konnte, waren feine Risse, die sich am Geländer des Dammes entlang bildeten, verzweigten und sich ausbreiteten, und er sah silbrige Wasserstrahlen aus ihnen herauskommen und im Mondlicht glänzen. Er dachte an seine sechs Neffen und Kousins, die in ihrer Sägemühle unten im Tal schliefen - sie schenkten nie einem Fliegeralarm Beachtung; er dachte an den Wildhüter, den alten Wildening, und an die dreißig alten Pensionäre, die er in Kost hatte; er dachte an die Dörfer Himmelpforten und Niederense und and die Stadt Neheim-Hüsten. Nichts konnte sie jetzt noch retten.

Kaum zwei Minuten, nachdem Flight Lieutenant Martins Angriff angelaufen war, schickte Gibson "Dinghy" Young ins Tal. "Paß auf die Flak auf", warnte er ihn, "Es ist verdammt heiß dort." Wieder zog Gibson absichtlich das Feuer der feindlichen Flak auf sich; er flog seine Lancaster im Tal auf der trockenen Seite des Dammes auf und ab und ließ seine Landescheinwerfer strahlen; so narrte er die feindlichen Kanoniere und feuerte seine Bordkanonen auf sie ab. Young konnte seine Bombe unbehelligt abwerfen, da die Flak ihm den Rücken zudrehte. Gibson dachte, daß die Bombe exakt plaziert worden sei, da die Wassersäule viel größer war als bei Mick Martins Angriff. Hunderte Tonnen Wassers schwappten über den Scheitel des Dammes, und Young schrie übermütig: "Ich glaube, ich hab's geschafft! Ich hab ihn zerstört!" Doch als sich der Sprühregen legte, sah Gibson, daß die gewaltige Mauerwand immer noch intakt war - Und doch: Spielte ihm seine Einbildung einen Streich oder hatte sie sich nach den letzten beiden Angriffen etwas ausgebaucht? Mit neuem Selbstvertrauen rief er das fünfte Flugzeug, Flight Lieutenant Dave Maltby, über Funk auf und befahl ihm den Angriff.

Maltbys Flugzeug näherte sich schnell. Sein Bombenrichtschütze sah den Damm sehr früh und hatte einen guten Blick auf beide Schleusentürme, als sie noch zweitausend Fuß entfernt waren. In der Mitte des Staudammes schien bereits etwas passiert zu sein - Maltby pendelte sein Flugzeug ein wenig nach Backbord. Genau im richtigen Augenblick, so daß sich die Türme im Fadenkreuz des Bombenrichtschützen aufreihten. Er gab die Bombe frei. Sie sprang dreimal hoch, knallte in das Geländer des Dammes und senkte sich immer noch wild rotierend an der unter Wasser liegenden Dammwand entlang hinunter. In einer Tiefe von knapp dreißig Fuß ging die Ladung hoch - vier Tonnen des stärksten Sprengmittels, das die Briten je ersonnen hatten. Es sah perfekt aus. Der Damm war für Gibson einige Minuten außer Sicht, als er mit seiner Lancaster im Tal wendete.; seine Scheiben waren noch teilweise bedeckt mit Gischt. Doch die Zeit lief ab. Überzeugt davon, daß auch der fünfte Angriff gescheitert war, rief er den sechsten, Dave Shannon, auf und befahl ihm anzugreifen.

Mittlerweile hatten die Lancaster zwischen 00 Uhr 50 und 00 Uhr 55 die verschlüsselten Ergebnisse dieser letzten drei Angriffe nach England gefunkt. "Dinghy" Young meldete, daß seine Bombe in direktem Kontakt mit dem Damm explodiert sei, Martin, daß seine fünfzig Yards davor detonierte, und Flight Lieutenant Maltby glaubte, daß auch seine Bombe am Damm gescheitert war.

Eine Minute später donnerte Guy Gibsons Flugzeug erneut über den Damm, und dabei bot sich ihm ein furchterregender Anblick dar, der ihm das Blut in den Adern gefrieren ließ. Die Mitte des Staudammes war verschwunden: Eine Flutwelle hatte die tausende von Tonnen der Mauer weggedrückt und hämmerte jetzt in das Tal hinunter. Ein einzelner deutscher Kanonier auf dem Überrest des Dammes, ein einziger nur feuerte noch. Schnell rief Gibson über Funk nach Shannon und befahl ihm, den Angriff abzubrechen.

Die Möhnetalsperre hatte aufgehört zu existieren. Vom Rande des Tales hatte Clemens Köhler geschockt ansehen müssen, wie die Staumauer sich langsam ausbauchte und dann mit einer schrecklichen Wucht zwischen den beiden Schleusentürmen barst. Eine mächtige Flutwelle ergoß sich aus der Bresche und schlug mit einem ungeheuren Krachen auf dem Talgrund auf - ein Anblick, der die Vorstellungskraft der meisten Menschen übertraf. Die Reste des Kraftwerks verschwanden im Bruchteil einer Sekunde, dann flachte die Flutwelle ab, die stürmischen Strudel und Wirbel verschwanden, und eine Wasserwand begann mit ca. 60 Metern in der Sekunde alles mit sich reißend durch das mondbeschienene Tal zu rasen. Bald entzog eine Wolke aus Gischt und Wasserdampf gnädig das infernalische Schauspiel aus der Sicht Köhlers.

Um vier nach Eins klingelte das Telefon des Fernmeldeoffiziers in Grantham. Er hörte kurz hin und schrie dann: "Gibson hat `Nigger´ durchgegeben, Sir - sie haben es geschafft." Gibson hatte bereits seine restlichen Flugzeuge zum zweiten Hauptziel, die Edertalsperre umdirigiert. Dieser hielt mit 202 Millionen Tonnen sogar noch mehr Wasser als der Möhne-Damm zurück, ein Umstand, der ihn zum größten künstlichen Wasserreservoir in Europa machte. Dieser Staudamm war 139 Fuß hoch, 1.310 Fuß lang und wie auch die Möhnetalsperre aus Mauerwerk erbaut. Als Gibsons Flugzeug den Damm erreichte, rannen kleine Wasserbäche aus den Regulierungskanälen des Dammes, er hätte also nicht voller sein können. Die einzigen Flugabwehrkanonen waren fünf Monate zuvor nach der Niederlage in Stalingrad abgezogen worden. Der Damm war praktisch unverteidigt. Nur Wachposten mit Gewehren patrouillierten auf der Straße, die auf dem Damm verlief.

Um 1 Uhr 32 läutete das Telefon des hiesigen leitenden Flugabwehroffiziers. Ein Offizier in der Uniform der SS ging an den Apparat: "Leutnant Saahr am Apparat." "Hier spricht die Warnzentrale! Mehrere feindliche Flugzeuge umkreisen die Edertalsperre!" Eine Stunde vorher hatten sich die Lokalbehörden im Tal unter der Möhnetalsperre geweigert, eine ähnliche Warnung zu glauben, die Clemens Köhler ihnen per Telefon übermittelt hatte. Doch dieser SS-Offizier zögerte nicht. Er schrie die Warnzentrale durch den Hörer, sie solle die Leitung freimachen, und rief sofort die SS-Einheit an, die am nächsten zum Damm stationiert war, die Dritte Kompanie des Landwehrbataillon 603 in Hemfurth. Der diensthabende Obergefreite versicherte, daß drei feindliche Flugzeuge über ihnen kreisen. "Ich rufe sie in ein paar Minuten noch einmal an", sagte Saahr. "Wenn vorher ein Angriff erfolgt, lösen Sie Alarm aus!" Dann rief Saahr durch zu SS-Oberführer Burk, dem Kommandeur des nahegelegenen SS-Flugabwehrlehrregiments, und warnte ihn, daß eine Flutkatastrophe bevorstehe. Innerhalb weniger Minuten hatte Oberführer Burk einhundert Mann und ihren Lastwagen Marschbereitschaft befohlen. Fast im selben Augenblick rief ihn Leutnant Saahr erneut an: "Das hiesige Bataillon meldet, daß die Flugzeuge Leuchtbomben abwerfen - und sie haben Suchscheinwerfer eingeschaltet!"

Das Dröhnen der Lastwagenmotoren und Motorräder am Boden verschmolz mit dem Lärm der Flugzeugmotoren in der Luft, als sich die Deutschen auf die größte Flutkatastrophe des Krieges vorbereiteten.

Guy Gibson hatte einige Zeit gebraucht, um die Edertalsperre zu finden: Nebel war in den Tälern aufgezogen, und ließ beinahe jedes von ihnen aus der Luft wie ein Staubecken aussehen. Als er das richtige Tal gefunden hatte, schaltete er sein Mikrophon an und rief die anderen Flugzeuge: "Könnt Ihr das Ziel erkennen?" Dave Shannons Stimme drang schwach in seine Kopfhörer: "Ich kann nichts erkennen - ich kann den Damm nicht finden." Gibson schoß eine rote Leuchtpatrone über den Damm, und Shannons Stimme meldete sich sofort: "Alles klar, ich schließe auf." Shannon war ein Perfektionist. Um 1 Uhr 39 versuchte er seinen ersten Zielanflug, doch sein Bombenrichtschütze war nicht zufrieden, und sie flogen einen Bogen zurück zum anderen Ende des Sees. Er versuchte es erneut, doch wieder war der Zielanflug nicht genau richtig. Beim dritten Anflug warf der Richtschütze die Spezialbombe ab: sie sprang zweimal hoch und landete einen Volltreffer im schmalen Dammgeländer. Sechzig Sekunden vergingen, die Bombe versank, dann zerriß eine mächtige Explosion die Luft und eine Wassersäule schoß hunderte Fuß in die Höhe, gefolgt von einem blendenden, blauen Blitz, als die Flutwellen die 60.000-Volt-Hochspannungsleitungen kurzschlossen, die vom Generatorenhaus über das Tal hinweg führten. Doch der Damm hielt.

Der Werkmeister des Generatorenhauses, Karl Albrecht beschrieb es später so: "Zuerst hatten wir angenommen, daß die Bomber den See nur als Sammelpunkt benutzten, wie sie es schon so oft vorher getan hatten. Die erste Bombe fiel um etwa halb zwei, doch sie beschädigte den Damm nicht allzusehr, obwohl sie am Kraftwerk Nummer 1 Schaden anrichtete. Ich ging hinüber zum Kraftwerk Nummer 2 am Damm auf der anderen Talseite. Zwei blendend helle Flammen brannten auf der kleinen Insel zwischen den beiden Werken, vermutlich als Zielhilfe für die Bomber. Das Flugzeug kreiste weiter..."

Gibson funkte die zweite der drei Lancaster an: "Z-Zebra kommen - Du kannst jetzt einfliegen."

Es war inzwischen 1 Uhr 50. Jäh zog Squadron-Leader Henry Maudslay seine Lancaster über jener Burg nach unten, die den Anfang der Zielanflugzone am entfernteren Ende des Sees markierte, und flog an den Damm heran. Während ihrer Bombenversuche in den letzten Tagen hatte dieser ruhige, athletische englische Offizier eine der unersetzlichen Lancaster geopfert, als er die Spezialbombe aus so geringer Höhe abwarf, daß das Wasser den Flugzeugrumpf beschädigt hatte. Scheinbar wurde die Edertalsperre überhaupt nicht verteidigt, doch schien sich dennoch das Glück gegen ihn verschworen zu haben: Als Z-Zebra über den im Mondlicht liegenden See dahindonnerte, konnten Gibson und seine anderen Piloten sehen, daß außer der Dammsprengbombe noch irgendein anderes großes Ding unter dem Flugzeug hing - es mußte vom Feind beim Herausfliegen beschädigt worden sein.

Noch etwas anderes mußte schlecht gelaufen sein, denn Maudslays Lancaster gab die rotierende Bombe viel zu spät aus den Greifern frei. Die Bombe krachte mit 250 Meilen pro Stunde in die Brüstung der Edertalsperre und flog sofort in die Luft, genau unter dem Bomber, der sie gerade abgeworfen hatte.

Einige der großen Mauerplatten wurden wie Konfetti von der Brüstung gesprengt, und ein grelles, gelbes Licht leuchtete das ganze Tal für einige Augenblicke taghell aus.

Aus der Dunkelheit heraus sprach eine ruhige Stimme über Funk das aus, was jeder bei sich dachte: "Er hat sich selbst in die Luft gejagt." Guy Gibson funkte das Flugzeug an. Es kam keine Antwort. Er versuchte es wieder: "Z-Zebra, Z-Zebra, seid ihr in Ordnung?"

Dieses Mal kam eine matte, müde Antwort zurück. "Ich glaube schon. Bin klar." Doch die Stimme war sehr schwach. Maudslay war erledigt. Sein Bordfunker erfüllte noch einmal seine Pflicht. Um drei Minuten vor zwei Uhr funkte er verschlüsselt zurück nach England: "Spezialkampfmittel abgeworfen, über Damm hinausgeschossen, keine sichtbare Bresche...". Doch das war das letzte, was von diesem Flugzeug undseiner Besatzung gehört wurde.

Somit blieb nur noch ein Flugzeug für den Angriff. Eine dritte Welle von Flugzeugen des 617. Squadrons flog gerade als luftgestützte Reserve in deutsches Gebiet ein, um entstandene Lücken zu füllen. Doch um zwei Uhr gab es in dieser Reserve selbst schon mehr Lücken als Flugzeuge: sieben Minuten vorher war "S-Sugar" mitten in der Luft über Tilburg in Holland explodiert - die anderen Flieger konnten nicht sehen weshalb, doch legen deutsche Berichte nahe, daß sie zu tief und so in Hochspannungsleitungen geflogen war. Ihr Kommandant, der kanadische Pilot Officer L. J. Burpee, hatte gerade ein englisches Mädchen geheiratet, und sie hatten eifrig nach einem Haus in der Nähe von Scampton gesucht. Jetzt war sie schon eine Witwe.

In jedem Fall dämmerte im Osten schon der Morgen herauf. Das letzte Flugzeug in Gibsons Verband vor Ort wurde von einem Australier geflogen, Les Knight; es schwebte jetzt auf den Damm zu, machte einen Probedurchgang und griff dann an, wobei Knight die Leuchtfeuer ausnutzte, die als grober Anhalt unterhalb des Dammes abgeworfen worden waren. Guy Gibson, der parallel genau über Knight flog, sah die Bombe dreimal aufspringen, auf den Damm aufschlagen, versinken und hochgehen, alles in vollendeter Weise. Eine achthundert Fuß hohe Wasserfontäne wurde hochgeschleudert.

Plötzlich wurde ein riesiges Loch etwa 30 Fuß unter der Brüstung des Dammes sichtbar, als ob eine gigantische Faust das Mauerwerk durchschlagen hätte. Barnes Wallis viertonnige Spezialbombe hatte einen Zusammenbruch ausgelöst, der vierundzwanzigtausend Tonnen Mauerwerks hinwegdrücken würde.

Fünf Minuten später klingelte das Telefon in SS-Oberführer Burks Büro und weckte ihn aus seinem unruhigen Schlaf. "Hier noch einmal Leutnant Saahr, Herr Oberführer! Das Postamt von Arolson hat gerade einen Bericht des Landwehrbataillon 603 durchtelephoniert. Der Damm wurde zerstört. Ich habe versucht, selbst Verbindung aufzunehmen, doch die Leitungen sind alle tot."

Die Dorfbewohner, die am nächsten zum zerborstenen Damm wohnten, brauchten kein Telefon, um zu wissen, was passiert war. Ein Motorradfahrer fuhr durch die Hauptstraße von Affoldern und schrie so laut er konnte: "Der Damm wurde getroffen, das Wasser kommt. Alles raus aus den Kellern!" Innerhalb von Sekunden waren die Straßen voll mit einer Menge an Menschen, die Kinder und Koffer an sich drückten, um auf höhergelegenes Gebiet zu klettern. Ein Lärm erfüllte die Luft, als ob hundert Schnellzüge durch das Tal rasen würden - 8.500 Tonnen Wasser in der Sekunde brachen aus dem Damm, und die Bresche wurde mit jedem Augenblick größer.

Als die Leute höhergelegenes Gelände erreicht hatten, wandten sie sich um und schauten nach Affoldern zurück - innerhalb weniger Minuten war es in der Flut verschwunden. Die Stahlhängebrücke in Hemfurth brach laut rumpelnd in dem reißenden Strom zusammen Die Dorfbewohner konnten das Gebrüll des Viehs, das in den Ställen angekettet war, und die Schreie der Menschen hören, denen eine rechtzeitige Flucht nicht mehr gelungen war.

Oberführer Burk unterschätzte das Ausmaß der Katastrophe nicht. Binnen weniger Minuten hatte er dringende Flutwarnungen an die Großstadt Kassel, die vierzig Meilen entfernt lag, und an den großen Luftwaffenflugplatz in Fritzlar durchtelefoniert. Um 2 Uhr 30 in der Frühe hatte das Armeekommando in Kassel ein Pionierbataillon alarmiert, und schon innerhalb einer halben Stunde wurden die Truppen auf Lastwagen ins Katastrophengebiet transportiert.

Um 4 Uhr 15 wurde ein umfassender Flutnotstand ausgerufen. Die Royal Airforce hatte fertiggebracht, was die Deutschen für unmöglich gehalten hatten, und jetzt mußten die Deutschen den Preis dafür zahlen.

*

Etwa um dieselbe Zeit, um 4 Uhr früh am Morgen, lauschte "Bomber" Harris den letzten Meldungen, die im Hauptquartier der 5. Bombergruppe in Grantham über Funk hereintröpfelten. Schließlich sage er: "Nun, das ist alles, was wir hier tun können. Lassen Sie uns nach Scampton `rüberfahren und sie empfangen, wenn sie zurückkommen." Sein Gesichtsausdruck, als er sich zum Erfinder der Bombe umwandte, war milder als vorher im Laufe dieser Nacht. "Kann ich Sie mitnehmen, Mister Wallis?" fragte er.

Wallis nahm dankbar an, weil Harris´ schwarze Limousine eine der wenigen war, die schon mit einer Heizung ausgestattet war, und die frühen Morgenstunden waren frostig.

Für Air Chief Marshal Harris war es außergewöhnlich, eine Bomberstaffel zu besuchen; doch heute nacht war der sonst wortkarge "Butcher" Harris milde gestimmt, und selbst als sein Fahrer eine holperige Stelle so schnell nahm, daß seine Fahrgäste mit dem Kopf gegen die Decke stießen, gluckste er nur und sagte nichts. Er wußte, daß dies eine Nachtoperation gewesen war, die mit feurigen Lettern in der Geschichte der Luftstreitkräfte geschrieben stehen würde. Es war ein verzweifeltes Glückspiel mit der Zeit, dem rechten Augenblick und dem Schicksal gewesen - doch das Glückspiel war vorbei.

Gibson, "Mick" Martin und Maltby waren bereits gelandet, als Harris in Scampton eintraf. Bald darauf kehrten auch die zwei Flugzeuge zurück, die in den frühen Morgenstunden über die Täler der Möhne und der Eder hinweg geflogen waren, unterwegs zum Angriff auf die Nebenziele der Staffel. Einer ihrer Piloten, Flight Sergeant Townsend, erzählte Harris, daß er über weite Flächen schnellströmenden Wassers geflogen sei, aus dem er nur noch Kirchtürme hatte herausragen sehen können und manchmal die Dächer von Häusern, wo einst Dörfer standen. Nicht viel später hatte eine weitere Lancaster, gesteuert von Flight Sergeant Brown, das Möhnetal überflogen; sein Bordmechaniker und sein Bombenschütze hatten beide die mächtigen Wasserströme gesehen, die noch immer durch zwei riesige Breschen im Gefüge der Möhnetalsperre quollen.

Harris meldete die Nachricht vom Triumph Barnes Wallis´ und der 617. Staffel telephonisch nach Washington, wo Premierminister Winston Churchill auf einer Konferenz weilte. Was Wallis betrifft, so blieb dieser mit Gibson und seinen überlebenden Mannschaften ins Gespräch vertieft von halb sechs bis beinahe elf Uhr an diesem Morgen.

Gibson überschlug bereits die Verluste. Acht seiner Mannschaften waren nicht zurückgekehrt, von insgesamt neunzehn, die mit ihm zusammen ausgesandt worden waren. Die Deutschen durchsuchten bereits gründlich das Wrack von Pilot Officer Ottleys Flugzeug in der Nähe von Hamm; Flight Lieutenant Barsows Lancaster war über dem Zuyder-See verschwunden, und die Reste des Flugzeugs und der Mannschaft sollten verborgen bleiben, bis sie schließlich neunzehn Jahre später bei der Neulandgewinnung entdeckt wurden.

Sogar "Dinghy" Young, der erfahrene Veteran mit 65 Feindflügen, wurde jetzt vermißt; er hatte die Möhnetalsperre nach Mick Martin angegriffen. Seinen Spitznamen "Dinghy" hatte er bekommen, nachdem er zweimal in der Nordsee notgewassert hatte. Gibson hatte sein Flugzeug mit den großen, roten Buchstaben A-AJ auf den Flanken während des Fluges zur Edertalsperre neben sich gesehen. Doch jetzt lagen Young und seine sechs Mann in den Trümmern ihres Flugzeugs, abgeschossen von der deutschen Luftabwehr an der holländischen Küste. (Sie wurden in Bergen aan Zee beigesetzt.)

Cochrane versuchte später, Gibson über den Verlust seiner tapferen Männer hinwegzutrösten: "Sie wissen," sagte er, "daß beim ersten Tiefflugangriff auf die Flugzeugmotorenfabrik in Augsburg von den fünf Mannschaften, die abgeschossen wurden, vier fast unverletzt geblieben sind." Gibson konnte dieses Mal nicht über die Verluste hinweggetäuscht werden. die Explosionen, die grellen, gelben Feuerbälle - sie konnten nur den raschen Tod all dieser Mannschaften bedeutet haben.

Barnes Wallis begleitete Sir Arthur Harris zu dem Flugzeug, das auf ihn wartete, um ihn in sein Hauptquartier zurückzufliegen - ein ungleicheres Gespann als den stämmigen, groben Air Chief Marshal und den milden, brillten Erfinder konnte man sich kaum vorstellen. Danach konnte Wallis sich nicht mehr länger wachhalten und zog sich zurück, um ein wenig Schlaf zu bekommen.

Als die Morgendämmerung anbrach, erfüllte wieder der Lärm eines Flugzeugmotors die Täler der Ruhr. Der Heckschütze Anthony Burcher hörte ihn, als er mit schweren Rückenverletzungen.in einer Röhre lag, nicht weit von dem reißenden Strom entfernt, der durch die Zerstörung des Staudammes entfesselt worden war. Über 1.000 Soldaten und Feuerwehrmänner hörten es auch; sie hielten sich unter SS-Oberführer Burks Kommando bereit, bis die Flut sich gesenkt hatte und sie mit den Bergungsarbeiten beginnen konnten. Sie sahen ein kleines Beobachtungsflugzeug, eine Fieseler Storch, über sich kreisen. In den Sitzen saßen als Fluggäste Hitlers grimmig blickender Rüstungsminister Albert Speer und sein höchster Berater Schulze Fielitz.

Tief über dem Gelände fliegend inspizierte Speer die zerstörten Dörfer und Städte: die Flut hatte bereits Kassel erreicht, eines der größten deutschen Zentren der Panzer-, Flugzeug und Motorenindustrie. Im Laufe der einen Stunde, in der die Flut Bettenhausen, einen Vorort von Kassel, erreichte, stieg der Wasserstand des Flusses um 25 Fuß an und der Fluß trat über die Ufer. Es hatte vor hundert Jahren in Kassel eine Flutkatastrophe gegeben, doch war sie mit der jetzigen nicht zu vergleichen.

Zwanzigtausend Einwohner mußten aus dem Katastrophengebiet aus der Stadt evakuiert werden. Die Energieversorgung brach zusammen, die Bahnverbindungen wurden hinweggeschwemmt und die Gaswerke überflutet. Zur Krönung all dessen versiegten die Wasserhähne in der Stadt, als die Pumpstationen zusammenbrachen.

Kassel war vierzig Meilen von der zerstörten Edertalsperre entfernt: Umso größer waren die Auswirkungen auf die Dörfer und Städtchen, die dazwischen lagen. Das Dorf Günne war völlig hinweggeschwemmt worden, ebenso der größte Teil des Städtchens Neheim-Hüsten. In Fröndenberg war der Kanal zerstört, das Kraftwerk zum Erliegen gebracht und die Eisenbahn- und Straßenbrücken wie Spielzeug weggeschwemmt worden. Das größte Eisenbahnviadukt zwischen Dortmund und Hagen war zusammengebrochen und meilenweit war das Land überflutet.

Speer befahl seinem Piloten, im offenen Gelände nahe des Sorpe-Dammes zu landen, dem dritten der RAF-Ziele in der vergangenen Nacht: zwei von Wallis´ Bomben waren darauf abgeworfen worden, doch war der Damm massiv aus Erde und Lehm gefertigt, so daß er nicht wie die Staumauern in die Brüche gehen konnte. Speer besprach den Schaden an der Sorpetalsperre mit den Wallmeistern, die bereits dort eingetroffen waren.

Die Wiederherstellung der Möhnetalsperre würde nicht so einfach sein. Die Bresche im Damm war schließlich achtzig Yards breit, und in der Edertalsperre waren es sechzig Yards. Wenn nur Barnes Wallis die Talsperre an diesem Morgen neben Speer hätte besichtigen können! Auf beiden Seiten der Bresche waren riesige querverlaufende Risse, die sich durch die Reste der Staumauer zogen, genau wie in den Modelldämmen, die er bei seinen Versuchen Monate vorher mit einigen Unzen Gelatinedynamit in die Luft gejagt hatte.

Speer erwartete noch schlimmeres. Telephonisch befahl er umgehenden Flakschutz für alle wichtigen Staudämme in Deutschland: "Bis heute Nacht!" bellte er in die Sprechmuschel. Er stampfte von Katastrophengebiet zu Katastrophengebiet, eine ständig wachsende Menge lokaler NSDAP-Größen und Gauleiter im Schlepptau - Meyer, Schlessmann, Florian und Hoffmann, und noch an diese Nachmittag schrieb er einen detaillierten Bericht, der zu Adolf Hitler in die "Wolfsschanze", sein Hauptquartier in Ostpreußen, geflogen wurde.

Hitler konnte seine Wut über die Zerstörung der Staumauern durch die RAF nicht im Zaum halten. Als die erste Nachricht von dem Angriff hereinkam, war er gerade dabei, einer Sekretärin Briefe zu diktieren. Nicht viel später traf die Nachricht in der "Wolfsschanze" ein, daß "tausende von Menschen" in den Fluten ertrunken seien.

"Der Führer ist ausgesprochen verärgert darüber, daß die Luftwaffe dies nicht vorhergesehen hat", schrieb Propagandaminister Dr. Goebbels in sein Tagebuch. Er sollte noch mehr verärgert werden, als ihn Berichte mit Einzelheiten darüber erreichten, was in den Dörfern geschehen war.

Um 11 Uhr morgens funkte SS-Oberführer Burk zum Armeekommando nach Kassel, daß seine Bergungsoperation nun anlaufe. Ein außergewöhnliches Schauspiel bot sich den Augen der Männer, als sie in die am schlimmsten betroffenen Gebiete eilten. Die Dörfer Affoldern, Bergheim, Giflitz und Mehlen waren überschwemmt worden. Der Wasserstrom hatte die Häuser weggeschwemmt und die Talränder weggefressen, wodurch Erdrutsche ausgelöst wurden und ganze Straßen verschwanden.

Burk meldete an jenem Tag an den Reichsleiter SS Heinrich Himmler: "Der erste Eindruck von der Zerstörung ist vernichtend. Die betroffene Bevölkerung hat den Kopf verloren - es ist unmöglich, ein Bild von den Verlusten zu gewinnen. Bis zwei Uhr sank das Wasser um etwa einen Fuß, und unter ausnehmend schwierigen Bedingungen und großem Risiko für ihr Leben konnten einzelne Bergungstrupps sich durch die Dörfer Affoldern, Mehlen und Bergheim vorkämpfen. Hier konzentrierten wir uns vor allem auf die Rettung von menschlichem Leben - in Affoldern zwei Seelen, in Giflitz fünf und in Bergheim eine..."

Als der Abend dämmerte, hatten sie nur sechsundzwanzig Menschen lebend bergen können.

Wir wissen heute, daß 1.220 Menschen in den Fluten umgekommen sind, unter ihnen 718 Fremdarbeiter, vor allem russische Frauen, die sich in einem Lager just unter einem der Dämme befanden.

Im Laufe des folgenden Tages wurden siebentausend Arbeiter vom Atlantikwall, jenem riesigen strategischen Bauprojekt Hitlers, abgezogen und dazu eingesetzt, die Zerstörungen an den Staumauern und in den umliegenden Gegenden zu beseitigen. (Binnen weniger Tage schwoll die Zahl der Arbeiter auf über zwanzigtausend an.)

Auch die Arbeit der Bergungstrupps wurde härter. Tausende von Tierkadavern mußten geborgen und verscharrt werden. Die Ankunft einer unfähigen Parteikommission nach der anderen führte bei den ihrer Heimat beraubten Dörflern zu Unwillen. Doch die größte Plage waren die Horden von Zuschauern und Plünderern, die von überall her aus dem westlichen Deutschland zusammenströmten, um das Unglück zu begaffen. Verbrannte und zerstörte Städte waren inzwischen zur Gewohnheit geworden, doch das hier war etwas anderes.

Die Deutschen konnten nicht begreifen, wie die RAF dieses unmögliche Meisterstück vollbracht hatte. Die Tapferkeit der britischen Flugzeugbesatzungen war eines, doch Willenskraft und Entschlossenheit alleine konnten hunderte Fuß soliden Mauerwerks nicht durchschlagen haben.

Propagandaminister Dr. Goebbels schrieb bitter: "Die Eder-, Möhne- und Sorpetalsperre wurden angegriffen und schwer beschädigt." Und er fügte seine eigene Version dessen hinzu, was passiert war: "Die feindlichen Flugzeuge beleuchteten die Edertalsperre mit Scheinwerfern, kreisten einige Zeit darüber, bevor sie zwei Torpedos auf die Talsperre abwarfen, die bis zum obersten Rand gefüllt war. Die Staumauer wurde in großer Tiefe zerstört, und auf einer Breite von vierzig Yards. Die Wassermassen überschwemmten die umliegende Gegend und dreißig Ortschaften. Einige sind völlig verschwunden, in anderen konnten sich die Leute auf ihren Dächern in Sicherheit bringen, doch können sie noch nicht gerettet werden, da unsere Pioniertruppen sich ihnen in einer solchen Strömung nicht nähern können. Wir müssen mit sehr schweren Verlusten rechnen. Auch die Möhnetalsperre wurde wurde von innen heraus durch Lufttorpedos gesprengt. Das Kraftwerk wurde zermalmt, und der Trink- und Löschwasserversorgung an der Ruhr wurde ein vernichtender Schlag zugefügt. Die Sorpetalsperre wurde auch beschädigt und schwere Überschwemmung verursacht, doch alle Telefonverbindungen sind unterbrochen, so daß es noch keine genauen Einzelheiten gibt."

Später schrieb Goebbels: "Unglücklicherweise zeigen gewisse Mitarbeiter im Ministerium Anzeichen von Panik, besonders (Alfred Ingmar) Berndt, der mich den ganzen Tag über mit Telephonanrufen bombardierte, bei denen nicht ein objektiver Satz herauskam."

Es wurden den Nationalsozialisten jedoch bequeme Erklärungen zur Hand gereicht. Am nächsten Tag übermittelte Hitlers Pressestab diesem den (völlig falschen) Bericht eines Reuter-Korrespondenten, in welchem behauptet wurde, daß der Angriff auf die Talsperren von einem aus Berlin emigrierten Juden ersonnen worden sei. Hitler wies die Zeitungen an, daß beste aus dieser Meldung zu machen, und Goebbels kam dem bereitwillig nach: "Ich möchte, daß diese Tatsache als kleine Notiz in der deutschen Presse erwähnt wird, besonders in den Lokalzeitungen der Überschwemmungsgebiete. Nun kann man sehen, wie gefährlich die Juden sind, und wie richtig wir gehandelt haben, sie in Gewahrsam zu nehmen." Doch wieder gab Goebbels zu: "Die Auswirkung auf unsere Rüstungsindustrie ist ziemlich verheerend."

Telegramme ergossen sich über die 617. Staffel in Scampton. Lord Trenchard, der als der Vater der RAF angesehen wird, schrieb: "Die wundervolle Arbeit des Bomberkommandos wird jetzt von allen erkannt." Sir Charles Portal, Chef des Luftwaffenstabes, sandte besondere Glückwünsche an "Schlächter" Harris bezüglich der Leistungen seines Kommandos.

Nur drei Monate vorher hatte Harris noch grob jedwede Ermutigung für Wallis Erfindung, jene kugelförmige Rotationsbombe, die jetzt die Staumauern zerstört hatte, abgewehrt. Er hatte Potal geschrieben, daß Wallis und den anderen Enthusiasten ein Flugzeug gegeben werden solle und man ihnen "sagen sollte, sie sollten abhauen und spielen, während wir mit dem Krieg weitermachen."

Aber "Schlächter" Harris war keiner, der alte Vorurteile hegte und pflegte, jetzt, da die Wallis-Bombe ihre Tauglichkeit bewiesen hatte. Glühend vor Stolz schickte er ein Telegramm, das Barnes Wallis die Röte bis in die Wurzeln seines weißen Haares trieb:

"Doch ohne ihre Kenntnisse, ihre Geschicklichkeit und Beharrlichkeit, oft angesichts von Enttäuschungen und entmutigenden Erfahrungen, ... wären die Anstrengungen unserer tapferen Mannschaften vergeblich gewesen. Wir im Bomberkommando insbesondere und in den Vereinten Nationen insgesamt schulden Ihnen an erster Stelle den Dank für den außerordentlichen Erfolg, der erzielt wurde."

*

Als Barnes Wallis diese Zeilen las, fand gerade ein Hitlerjunge in Deutschland, 375 Meilen weit weg, einen verwundeten Flieger der RAF, der kaum bei Bewußtsein in einem Rohr am Rain eines gepflügten Feldes lag. Es war Tony Burcher, der Heckschütze aus der über der Möhnetalsperre abgestürzten Lancaster.

Man brachte ihn zu einer dortigen Polizeiwache und legte ihn auf ein hartes Holzbett. Er war sich nur einer Tatsache bewußt - eines quälenden Durstes. Während die Deutschen auf einen Arzt warteten, rief er nach dem Obergefreiten, der seine Zelle bewachte: "Ich möchte einen Schluck Wasser!"

Der Obergefreite brummte: "Sie wollen Wasser?" "Ja, Wasser," stöhnte Burcher. "Bitte..." Der Obergefreite ging hinaus und kam mit einem Polizeiwachtmeister zurück. Der Wachtmeister holte einen Hauptmann. "So, Sie wollen einen Schluck Wasser, nicht wahr? Sie englischer Bastard, dank Ihnen und Ihren Kameraden gibt es hier kein Trinkwasser mehr!" Das war auf seine Weise eine Bestätigung. Ein breites Grinsen überzog Burchers Gesicht. Die anderen hatten es also nach allem doch noch geschafft.

Ohne Gibsons Abgebrühtheit und seine Tapferkeit, über den ins Ziel fliegenden Bombern zu bleiben, wobei er den Angriff jedes einzelnen Bombers überwachte und die Aufmerksamkeit der Flak ablenkte, wäre das ganze Unternehmen nicht zu dem Erfolg geworden, der es schließlich war. Er wurde zum Victoria-Kreuz vorgeschlagen, und der König persönlich verlieh es ihm wenige Tage später. Zweiunddreißig andere Kameraden der 617. Staffel wurden ebenfalls ausgezeichnet, und die Staffel nahm ihren berühmten Wahlspruch "Après moi la deluge" ("Nach mir die Sintflut") an.

Aus der Sicht der heutigen Zeit können wir den Angriff der RAF auf die Ruhrtalsperren im Jahr 1943, wenn nicht als den militärisch bedeutendsten, so doch sicherlich als den aufsehenerregendsten Waffengang des Zweiten Weltkriegs ansehen. Gibson selbst sagte: "Wir wußten, daß diese Überschwemmung den Krieg nicht entscheiden würde; sie würde nichts dergleichen bewirken, doch sie war eine Katastrophe für Deutschland." Und am 19. Mai 1943 zeichnete ein Protokollant stenographisch von niemandem anderen als Hitler selbst auf, wie er sie "die Katastrophe im Westen" nannte.

Jahre danach konnte die britische Regierung auch die Rolle würdigen, die Barnes Wallis bei dieser Operation gespielt hatte: sie sprach ihm zehntausend Pfund für seine Leistung bei der Entwicklung der Spezialbombe zu. Barnes Wallis, der britische Pastorensohn, spendete das Geld seiner alten Schule, dem Christ´s Hospital, für die Erziehung der Kinder gefallener Flieger. Wie er dazu kam? Er kannte das Bibelwort: "Ist das nicht das Blut der Männer, die sich in Lebensgefahr begaben?"

Dienstgradübersicht der Royal Air Force:

Marshal of the RAF:	Marschall
Air Chief Marshal:	General
Air Marshal:	Generalleutnant
Air Vice Marshal:	Generalmajor
Air Commodore:	Brigadegeneral
Group Captain:	Oberst
Wing Commander:	Oberstleutnant
Squadron Leader:	Major
Flight Lieutenant:	Hauptmann
Flying Officer:	Oberleutnant
Pilot Officer:	Leutnant
Warrant Officer:	Oberstabsfeldwebel
Flight Sergeant:	Oberfeldwebel
Sergeant:	Feldwebel
Corporal:	Unteroffizier
Junior Technician:	Hauptgefreiter
Senior Aircraftman:	Obergefreiter
Leading Aircraftman:	Gefreiter

Übersicht der vorkommenden britischen Maßeinheiten:

1 inch:	2,54 cm
1 foot (12 inches):	30,48 cm
1 yard (3 feet):	91,44 cm
1 mile:	ca 1,6 km

Dokumenten-
anhang

Die Vorbereitungen

Modell der Sorpetalsperre. Maßstab 1 : 60.000.

Modell der Edertalsperre als Vorbereitung des Luftangriffs.

Die Vorderansicht des ersten maßstabsgerecht verkleinerten Modells der Möhnetalsperre, welches für die frühen Tests der Waffen erbaut wurde. Das untere Foto zeigt das Modell, nachdem es bei Tests Anfang 1941 von Sprengstoff aufgebrochen worden war.

Die Mannschaft

Der Leiter des Angriffs auf die Talsperren, Guy Penrose Gibson.

Von rechts nach links: Flight-Lieutenant H. B. Martin, Squadron-Führer D. J. Maltby, der die Möhnetalsperre zerstörte, und Pilot-Offizier D. W. Clayton.

Das Wappen der 617. Squadron mit dem Ausspruch: "Nach mir die Sintflut".

The Crews of the Dams Raid 16th/17th May 1943

Aircraft Letter	Captain	Flight Engineer	Navigator	Wireless Operator	Bomb aimer	Front Gunner	Rear Gunner
G	Wing Cdr. G. P. Gibson	Sgt. J. Pulford	Pilot Officer H. T. Taerum	Flt./Lieut. R. E. G. Hutchison	Pilot Officer F. M. Spafford	Flt./Sgt. G. A. Deering	Flt./Lieut. R. D. Trevor Roper
M	Flt./Lieut. J. V. Hopgood	Sgt. C. Brennan	Flying Officer K. Earnshaw	Sgt. J. Minchin	Flt./Lieut. J. W. Fraser	Pilot Officer G. H. Gregory	Pilot Officer A. F. Burcher
P	Flt./Lieut. H. B. Martin	Pilot Officer I. Whittaker	Flt./Lieut. J. F. Leggo	Flying Officer L. Chambers	Flt./Lieut. R. C. Hay	Pilot Officer B. T. Foster	Flt./Sgt. T. D. Simpson
A	Sqdn. Leader H. M. Young	Sgt. D. Horsfall	Sgt. G. W. Roberts	Sgt. L. Nichols	Flying Officer V. S. MacCausland	Sgt. A. G. Yeo	Sgt. L. Ibbotson
J	Flt./Lieut. D. J. H. Maltby	Sgt. J. Hatton	Sgt. V. Nicholson	Sgt. A. J. Stone	Pilot Officer J. Fort	Sgt. E. Hill	Sgt. D. Simmons
L	Flt./Lieut. D. J. Shannon	Sgt. R. Henderson	Flying Officer F. R. Walker	Flying Officer B. Goodale	Flt./Sgt. L. J. Sumpter	Sgt. B. Jagger	Pilot Officer J. Buckley
Z	Sqdn./Leader H. E. Maudslay	Sgt. J. Marriott	Flying Officer R. A. Urquhart	Sgt. R. Cottam	Pilot Officer M. J. D. Fuller	Flying Officer W. J. Tytherleigh	Sgt. N. G. Burrows
B	Flt./Lieut. W. Astell	Sgt. J. Kinnear	Pilot Officer F. A. Wile	Sgt. A. Garshowitz	Flying Officer D. Hopkinson	Sgt. F. Garbas	Sgt. R. Bolitho
N	Pilot Officer L. G. Knight	Sgt. R. Grayston	Flying Officer H. S. Hobday	Flt./Sgt. R. G. Kellow	Flying Officer E. C. Johnson	Sgt. R. Sutherland	Sgt. H. E. O'Brien
W	Flt./Lieut. K. L. Munro	Sgt. F. Appleby	Flying Officer F. G. Rumbles	Wt./Off. P. E. Pigeon	Sgt. J. H. Clay	Sgt. W. Howarth	Flt./Sgt. H. Weeks
T	Flt. Lieut. J. C. McCarthy	Sgt. J. Radcliffe	Flt./Sgt. D. A. MacLean	Sgt. L. Eaton	Sgt. G. L. Johnson	Sgt. R. Batson	Flying Officer D. Rodger
H	Pilot Officer G. Rice	Sgt. H. Smith	Flying Officer R. MacFarlane	Sgt. C. R. Gowrie	Flt./Sgt. W. Thrasher	Sgt. T. Maynard	Sgt. S. Burns
K	Sgt. V. A. Byers	Sgt. A. Taylor	Pilot Officer J. H. Warner	Sgt. R. Wilkinson	Sgt. A. Whittaker	Sgt. R. Jarvie	Sgt. H. McDowell
E	Flt./Lieut. R. N. G. Barlow	Sgt. S. L. Whillis	Flying Officer P. S. Burgess	Flying Officer C. R. Williams	Sgt. A. Gillespie	Flying Officer H. S. Glinz	Sgt. D. Liddell
C	Pilot Officer W. H. T. Ottley	Sgt. R. Marsden	Flying Officer J. K. Barrett	Sgt. J. Guterman	Flt./Sgt. T. Johnston	Sgt. R. Tees	Sgt. H. Strange
S	Pilot Officer L. J. Burpee	Sgt. G. Pegler	Sgt. T. Jaye	Pilot Officer L. Weller	Sgt. R. Arthur	Sgt. N. Long	Flt./Sgt. J. G. Brady
O	Flt./Sgt. W. C. Townsend	Sgt. D. J. Powell	Pilot Officer C. L. Howard	Flt./Sgt. G. Chalmers	Sgt. C. E. Franklin	Sgt. D. E. Webb	Sgt. J. Wilkinson
F	Flt./Sgt. K. W. Brown	Sgt. H. B. Feneron	Sgt. D. P. Heal	Sgt. H. J. Hewstone	Sgt. S. Oancia	Sgt. D. Allatson	Flt./Sgt. G. MacDonald
Y	Flt./Sgt. C. Anderson	Sgt. D. Paterson	Sgt. L. Nugent	Sgt. D. Bickle	Sgt. S. Green	Sgt. A. Ewan	Sgt. R. Buck

Die Mannschaft der "Damm-Brecher" vom 16./17. Mai 1943.

Die Rollbombe

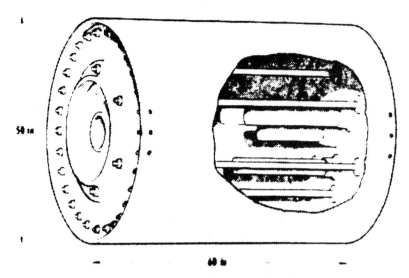

Querschnitt durch die Wallis-Rollbombe. 50 dieser Bomben sind produziert worden.

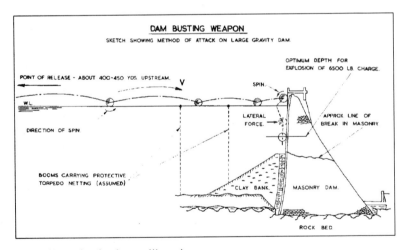

Angriffsmethode der Rollbombe.

Lancaster ED 825/6, der 3. Prototyp des speziell veränderten "Damm-Brecher"-Flugzeugs.

Die Rollbombe löst sich von einer "Lancaster".

Die Zerstörung

Die Möhnetalsperre am 17.5.1943. Noch immer fließt Wasser aus der Damm-Bruchstelle.

Das Dorf Affoldern (Edertal) in der Nähe von Bad Wildungen. Der Ort ist von Wassermassen eingeschlossen.

Auf 60 Meter Breite und 20 Meter Tiefe riß die gewaltige Möhnetal-Sperrmauer auf. 110 Millionen Kubikmeter Wasser stürzten zu Tal und brachten Tod und Verderben.

Fröndenberg-Bösperde, 13 Meilen von der Möhnetalsperre entfernt: 1. überschwemmte Straßen, 2. ausgefallenes E-Werk, 3. zerstörte Brücke, 4. und 5. zerstörte Eisenbahnbrücke und Eisenbahnwagen, 6. überschwemmte Uferstraßen.

Vor der Möhnesperrmauer liegt das Torpedonetz mit seinen Schwimmern, das die Staumauer schützen sollte.

In Neheim-Hüsten (heute Stadtteile von Arnsberg), viele Kilometer vom Damm entfernt, zerbrach die Wucht der Wassermassen noch Häuser wie Streichholzschachteln.

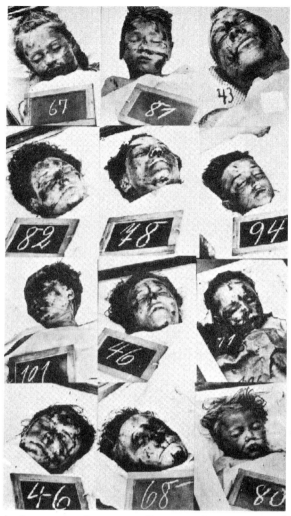

In Fröndenberg numerierte man die angeschwemmten unbekannten Toten mit Schultafeln. Nach erkennungsdienstlicher Behandlung wurden sie in einem Massengrab beigesetzt.

Die Staumauer der Edertalsperre nach dem Angriff: Noch immer fließt das Wasser durch die Sprenglücke ab.

Die Sprenglücke in der Staumauer der Edertalsperre.

Major Maudsleys Rollbombe fiel auf die Mauerkrone, ohne größere Schäden anzurichten.

Die zerstörte Edertalsperre aus der Luft. Die hier unkontrolliert abfließenden Wassermassen brachten dem Edertal Tod und Zerstörung bis in die Großstadt Kassel hinein.

Die Katastrophe

Eine Heimaterzählung aus den Tagen des Talsperrenbaues

von

Christian Kohl

Ich schildere im Nachfolgenden meine eigenen Erlebnisse in den tragischen Stunden dieser grauenvollen Nacht, wie sie auch andere Menschen erlebt haben.

Es ist Mitternacht, kurz vor 1 Uhr, als ich durch starkes Motorengeräusch geweckt werde. Ich stehe auf und stelle fest, daß mehrere Flugzeuge in geringer Höhe über unser Dorf fliegen. Schnell wecke ich meine Familie. Mit dem Allernotwendigsten versehen, begeben wir uns zusammen mit den Mitbewohnern des Hauses, in den Keller. Ich selber gehe mit einem Freund aus Kassel, der zu Besuch bei mir weilte, aus dem Haus ins Freie. Es ist eine herrliche Vollmondnacht. Man kann die Umgebung gut wahrnehmen. Da kommen die Flugzeuge, es sind drei, aus nordwestlicher Richtung angebraust. Ganz niedrig fliegen sie, direkt über mein Haus; mein Freund und ich werfen uns auf den Boden. So fliegen die Flugzeuge mehrmals über uns hinweg. Mindestens 40 Minuten hätte die Bevölkerung Zeit gehabt, sich selbst sowie Vieh und ihr anderes Hab und Gut in Sicherheit zu bringen, wenn für den Fall eines Fliegerangriffes auf die Sperrmauer ein Räumungsplan für die im Strömungsgebiet der Eder liegenden Häuser und Gehöfte vorhanden gewesen wäre.

Nach Berichten von Augenzeugen, die direkt an der Mauer standen, warf ein Flugzeug zwischen die beiden Kraftwerke, luftseitig der Mauer, Phosphorbrandbomben ab, die sich schnell zu einem großen

Feuermeer ausbreiteten, wodurch eine ausgezeichnete Zielmarkierung für das anfliegende Bombenflugzeug geschaffen war.

Zur gleichen Zeit wurden zwei leichtere bis mittlere Bomben auf die Fahrbahn der Mauer abgeworfen, ohne jedoch nennenswerten Schaden zu verursachen; eine von ihnen verfehlte ihr Ziel.

Kurz danach flog ein Flugzeug, aus der Richtung Waldeck kommend, die Mauer an und warf aus sehr niedriger Höhe, wasserseitig der Mauer, eine Rotationsbombe, die mit Zeitzünder versehen war und in einer Tiefe von etwa 20 m explodierte.

Durch die Gewalt der Explosion in Verbindung mit dem Wasserdruck wurde in der rechten Hälfte der Mauer ein Loch in einer Breite von 60-70 m und einer Tiefe von 22 m aufgerissen. Durch diese Öffnung stürzten ungeheure Wassermengen, 8000 cbm in der Sekunde, in das Tal.

Im selben Augenblick, als die Detonation der Bombe von uns wahrgenommen wurde, vernahmen wir ein unheimliches Rauschen, als ob der Wald von einem wilden Orkan durcheinandergepeitscht würde. Ich sprang sofort in den Keller und rief: "Die Mauer ist getroffen, das Wasser kommt, alles aus dem Keller!", faßte mein jüngstes Kind und lief voraus, um zu einer Anhöhe zu gelangen. Der Weg führte durch Gärten und Weideflächen, die durch ihre Einfriedigungen zu plötzlichen Hindernissen wurden. Während alle Anwesenden um ihr Leben liefen, wälzten sich die ersten bis zu 6 m hohen Wogen durchs Tal und kamen mit ungeheurer Geschwindigkeit immer näher.

Kaum hatten wir die rettende Höhe erreicht, als bereits alle umliegenden Häuser im reißenden Strom der Wassermassen standen.

Mit ungeheurem Getöse wird die oberhalb Hernfurths befindliche Meß-Hängebrücke, eine starke Eisenkonstuktion, von dem Wassermassen fortgerissen. Sie bricht auseinander. Das Brüllen des in den Ställen befindlichem Viehes tönt schauerlich in die Nacht hinein. Schon stürzen die ersten Bauerngehöfte, meistens Fachwerkbauten, krachend ein. Kein Stück Vieh entkommt den Fluten, kein Stück vom Hausrat wird gerettet. Die massive Ederbrücke wird von den Wogen fortgerissen. Soweit das Auge sieht, ein einziges brodelndes Meer. Die Menschen, deren Wohnungen im Gewoge des dahinbrausenden Stromes verschwinden, blicken hoffnungslos in die Fluten. Zur Verzweiflung wird die Not, wo noch nicht alle Familienangehörigen zusammen sind. Jetzt wird bekannt, daß sich auch in einigen Häusern, die bisher dem Anprall der Wogen standgehalten haben, die Bewohner in den oberen Stockwerken befinden. Doch niemand vermag zu helfen. Der wilde Strom würde jedes Fahrzeug fortreißen. Eine Bauersfrau ist von den Fluten auf eine Linde, die vor dem Haus steht, geworfen worden. Sie krampft sich an den Ästen fest, doch da bricht der starke Baum zusammen. Ein Wunder geschieht. Die Frau wird von dem umgerissenen Baum fortgeschleudert - auf eine andere Linde, die dicht neben der fortgerissenen steht. Wieder klammert sie sich in den starken Ästen fest, und welch ein Wunder - diese Linde bleibt stehen und überdauert die grauenvolle Nacht. Am Morgen gelingt es, die vollständig erschöpfte Frau von der Linde herunterzuholen. Sie ist gerettet.

Unaufhaltsam stürzen die Wassermassen aus dem See durch die große Einbruchstelle der Mauer. Sie wälzen sich durchs Tal, Tod und Verzweiflung mit sich bringend. Gegen Morgen geht das Wasser zurück. Und nun werden die ersten Versuche von beherzten Männern unternommen, mit einem Kahn bis zu den immer noch vom Wasser umspülten Häusern vorzudringen und die dort befindlichen Menschen zu retten; denn man mußte mit dem Einsturz der Häuser rechnen. Es gelingt, die Menschen aus zwei Häusern zu retten. Vier sind bereits von den Fluten fortgespült. Zwei können als Leichen ans Ufer gebracht werden.

Ein Vater, der sein jüngstes Töchterchen retten will, findet mit seinem Kind den Tod in den Fluten. Eine Mutter wird gemeinsam mit ihren zwei Kindern von den Fluten fortgerissen. Eine Witwe, die allein auf ihrem Hof weilt, wird noch, wenige Meter vom rettenden Ziel, von der Gewalt des Wassers erfaßt und bis unterhalb Fritzlar gespült, wo sie nach einigen Tagen als Leiche gefunden wird.

Langsam geht das Wasser in das durch Ausspülung mächtig erweiterte Flußbett zurück.

Was sich dem menschlichen Auge jetzt bietet, ist ein Bild des Grauens. Da, wo die Stallungen noch stehen, liegen sämtliche Pferde und Kühe, zum Teil noch an ihren Ketten, tot am Boden, alles andere Vieh ist fortgeschwemmt und in den Fluten umgekommen. Erntemaschinen, Wagen und sonstige schwere Gegenstände sind zum Teil irgendwo hängen geblieben, aber alles ist zerstört. Teile von Gehöften und Häusern sind stehengeblieben und bieten einen grauenvollen Anblick. Ein trauriges Bild bieten auch die Felder. Eine vielversprechende Ernte ist vernichtet. Große Flächen besten Bodens sind fortgespült. Wohlhabende Menschen sind in einer Nacht arm geworden. Sie haben nur das gerettet, was sie auf dem Leibe hatten.

Regierungs-Bauinspektor R., Vorsteher des Wasserstraßenamtes im Talsperrenbezirk "Edersee", befand sich zur Zeit des Bombenabwurfs in unmittelbarer Nähe der Mauer. Von der Wucht der Explosion wurde er mehrere Meter fortgeschleudert. Er erlitt eine gefährliche Beinverletzung. Trotzdem versuchte er sofort, die Größe der Einbruchstelle festzustellen, um seiner vorgesetzten Behörde Meldung zu erstatten. Von zwei Männern des Wachpersonals gestützt, begab er sich die Treppenstufen des steilen Abhangs an der Mauer hinab in die Tiefe. Als er zurückkehrte, um die Meldung telegraphisch weiterzugeben, mußte er feststellen, daß sämtliche Registrierapparate des Wasserstraßenamtes außer Tätigkeit gesetzt waren, ebenso die Telefonverbindungen. Vielleicht bestand noch die Möglichkeit, vom Terassenhotel, das jenseits der Mauer liegt, über Waldeck Verbindung zu bekommen. Nun faßte er einen waghalsigen Entschluß: Er wollte versuchen, mit einem Ruderboot über den See an das andere Ufer zu gelangen.

Zwei beherzte Männer, Motorbootführer O. und Maschinenmeister F., fanden sich bereit mitzufahren. Nachdem ein Boot ins Wasser gelassen war, fuhr man am rechten Hammerbergufer aufwärts, um nicht kurz vor der Mauer in den reißenden Sog zu kommen. Unterhalb des Hopfenberges überquerte das Boot den See und kam wohlbehalten am linken Ufer an. Doch auch hier war die Telefonverbindung unterbrochen. Inzwischen kam ein Motorradfahrer, der nun mit einer Kurzmeldung nach Waldeck geschickt wurde.

Da stellte R. fest, daß auf dem Dach des Kraftwerkes Hemfurth I sich Männer des Maschinenpersonals befanden, die vor den ins Kraftwerk eindringenden Wassermassen geflüchtet waren. Da sich zum Glück in der Nähe der Mauer lange Leitern des Wasserstraßenamtes befanden, holte man mehrere Leitern heran, verband sie mit Stricken und schob sie nun von der Uferschrägmauer auf das Dach. Während R. und E. die Leiter stützten, kletterte Motorbootführer O., ungeachtet der Gefahr herab zum Kraftwerkdach. Nachdem er die Männer auf dem Dach unterrichtet hatte, wie die Rettungsaktion gedacht war, trat er den Rückweg an. Auf stark schwankender Leiter unter sich die gähnende Tiefe, umtost von brüllenden Wassermassen, glückte es allen, wieder festen Boden zu erreichen.

Die Rückfahrt über den See traten R. und O. allein an, da die anderen Männer zu erschöpft waren. Aber auch ihre Kraft war geschwächt, und plötzlich wurde das Boot vom Strom des abziehenden Wassers gefaßt und trieb der Einbruchstelle immer näher zu. Am Ufer standen aufgeregte Menschen, die bereits das schreckliche Verhängnis kommen sahen. Endlich, gleichsam im letzten Augenblick, gelang es den beiden Männern dann doch noch unter Einsatz ihrer Kräfte, das Boot aus dem Sog herauszubringen. Kurz vor der Mauer stieß das Boot an Land, wo hilfsbereite Männer die beiden Erschöpften aus dem Boot herauszogen. Der Mut der Fahrer, die in äußerster Pflichterfüllung dies gefährliche Unternehmen vollbracht hatten, ist bewundernswert.

Ähnliche Szenen spielten sich in den Dörfern Affoldern, Mehlen und Bergheim ab; auch dort waren Verluste an Menschenleben zu beklagen, und der Hochwasserschaden an Gebäuden und Besitz war sehr groß.

Gleich nach der Katastrophe wurde mit der Wiederherstellung der Mauer begonnen, und heute erfüllen die Sperrmauer und der Edersee wieder ihre Aufgaben ...

Geheim: Bericht über die Fliegerangriffe auf die Stadt Kassel in den Jahren 1940 - 1943 und die durch sie veranlassten Massnahmen der Stadtverwaltung (gez. Dr. Friderich). (Auszug)

Der Angriff auf die Edertalsperre in der Nacht zum 17.5.1943 kam in seinen Auswirkungen einem Angriff auf die Stadt selber gleich. Da zwischen den Meldungen von den Zerstörungen eines erheblichen Teiles der Sperrmauer, aus denen die Kassel drohende Hochwassergefahr hervorging, und dem Eintreffen der Flutwelle mehrere Stunden vergingen, konnten alle möglichen vorbeugenden Maßregeln getroffen werden. Alle erfaßbaren Kräfte ... wurden mobilisiert, so daß etwa 10.500 Hilfskräfte, dazu 10 Omnibusse der Reichsbahn und der Reichspost mit 300 Sitzen und 33 Kraftfahrzeuge des NSKK zur Hilfeleistung bereitgestellt werden konnten. Nachdem schon in der Nacht in dem bedrohten Stadtteil Hochwasseralarm gegeben worden war, wurden diese Gebiete von 9.20 Uhr an nach Bergung der Sachwerte aus Kellern und Untergeschossen und in den oberen Stockwerken von den Bewohnern geräumt. Der Räumungsbefehl war besonders aus luftschutztechnischen Erwägungen hervorgegangen, um die Bevölkerung einem während des Hochwassers zu erwartenden Luftangriff nicht schutzlos preiszugeben. Trotz Widerstrebens weiter Kreise der Betroffenen wurde die Bergung und Räumung rechtzeitig durchgeführt. Das Stadtgesundheitsamt ließ 265 zum Teil bettlägerige Personen aus Krankenanstalten im Gefahrengebiet entfernen und in weniger bedrohten Stadtgegenden luftschutzmäßig unterbringen (Kinderkrankenhaus - Frankfurter Straße, Städtisches Alters- und Pflegeheim - Bettenhäuser Straße - Karlshospital). In den städtischen Versorgungsbetrieben, deren Werke meist in besonders bedrohtem Gebiet liegen, den durch Ausbau und Sicherstellung wasserempfindlicher Maschinen und Einrichtungen, im Gaswerk durch Verbauen der Zugänge zu den Rauchkanälen mit Zementsäcken die möglichen vorbeugender Sicherungsmaßnahmen getroffen. Der Fuldastau wurde durch Öffnen der Rohre und Schleusen abgelassen. Die rechte Walze des Kasseler Walzenwerkes war jedoch mit dem Angriff im August 1942 noch bewegungsunfähig und konnte nicht aus dem Wasser gehoben werden.

Gegen 10 Uhr erreichte die Flutwelle Kassel, gegen 10.40 Uhr wurden die Hauptstraßen im Überschwemmungsgebiet gesperrt. Die Hochflut begann gegen 11 Uhr. Das Wasser stieg bis 15 Uhr, hielt sich dann bis gegen 19 Uhr auf einer Höhe von 4,20 m über Normalstand, um dann schnell wieder zu sinken. Der erreichte Höchststand hatte den der Hochwasserkatastrophe vom 30.1.1841 weit überschritten. Während der Hochflut zeigte sich, daß die Einengung des Wasserlaufs durch die unbewegliche Walze des Kasseler Wehres nur von untergeordneter Bedeutung war, da das enge Fuldatal unterhalb Wolfsanger dem Wasser ohnehin nicht genügend Abflußmöglichkeit bot und einen starken Rückstau verursachte. Infolgedessen war während des Hochwassers der Wasserstand oberhalb und unterhalb der feststehenden Walze gleich.

Nach dem Eintreffen der Flutwelle und der Überflutung der Straßen wurde die Verbindung mit dem abgeschnittenen Stadtteil Bettenhausen zunächst durch Pendelverkehr der Reichsbahn zwischen Kassel-Wilhelmshöhe und Bettenhausen aufrecht erhalten. Er mußte am Nachmittag des 17.5. wegen Unterspülung des Bahndammes eingestellt werden, so daß bis zum nächsten Morgen gegen 6 Uhr keine Landverbindung nach Bettenhausen bestand.

Die angerichteten Schäden waren beträchtlich.

Bei Rettungsarbeiten ertranken 2 Angehörige der Polizei.

Von den im wasserbedrohten Gebiet wohnhaften rd. 27.000 Personen mußten 18 - 20.000 ihre Wohnungen vorübergehend aufgeben. Die meisten brachten sich selbst unter, nur 1.040 erschienen in den Obdachlosensammelstellen, die ihre Tätigkeit sofort aufgenommen hatten.

Sachschäden wurden nicht nur, vielleicht sogar weniger durch die Flut selbst als durch die von der reißenden Strömung mitgeführten Gegenstände, sowie durch Verschlammung und Überlagerung mit Geröll verursacht.

Abgesehen von den Schäden an Wehrmacht- und Industrieanlagen wurden schwer beschädigt:

	Wohngebäude	1		Wohnungen	137,
mittel beschädigt	"	368	mit	"	309,
leicht beschädigt	"	761	"	"	774,
insgesamt	"	1.130	"	"	1.220.

Von diesen 1.220 Wohnungen blieben 100 für längere Zeit unbenutzbar.

Stark mitgenommen wurden, wie zu befürchten war, die städt. Versorgungsbetriebe. Das ...kraftwerk war nahe dem Erliegen. Ein weiteres Steigen des Wassers um nur 10 cm hätte es zum Stillstand bringen müssen. Gegen 14.30 Uhr, als bei weiterem Steigen des Wassers jeden Augenblick mit dem Ersaufen der Maschinen im Keller zu rechnen war, wurde die Straßenbahn abgeschaltet ...

gleichzeitig setzte in verschiedenen Stadtteilen infolge Kabelstörungen und Beschädigungen an Transformatorenstationen der Stadt aus, so daß auch RU-Betriebe ohne Strom blieben. 20 Hochspannungstransformatorenstationen wurden durch Eindringen des Hochwassers lahmgelegt. Weiter fielen 6 Hochspannungskabel aus, darunter ein 30 KV-Kabel; etwa 100 bis 120 Hochspannungskabelendverschlüsse in den betroffenen Stationen wurden schadhaft. Zerstört wurden alle in den überschwemmten Bezirken stehenden Niederspannungsverteilungsschränke, oder mindestens stark beschädigt. Auch sonst wurden zahlreiche Geräte und Einrichtungen unbrauchbar. Das gesamte Hochwassergebiet war ohne Strom.

Im Gaswerk drang das Wasser trotz aller angewandten Vorsichtsmaßregeln in die Rauchkanäle, so daß ein Ofenblock vorübergehend stillgelegt werden mußte. Außerdem waren die Kohlenaufzüge an den Ofenanlagen unbrauchbar, da die Motoren z.T. im Wasser standen und die Gruben vollgelaufen waren. Beide Hauptleitungen zur Stadt liefen voll, so daß ihre direkte Versorgung vom Werk aus unterbrochen war.

Am schlimmsten sah es mit der Wasserversorgung aus, weil die Pumpwerke Neue Mühle und Tränkeweg, die mit etwa 23 -25.000 cbm/Tag fast die Hälfte des täglichen Wasserverbrauchs - 50 - 55.000 cbm/Tag - liefern, vollständig überflutet waren. Die anderen Pumpwerke Bettenhausen, Eichwald, Nordstadt, waren durch Ausbleiben des Stromes und die drohende völlige Stromunterbrechung bedroht. Im ungünstigsten Falle hätten nur die Zuflüsse aus dem Niestetal und dem Habichtswald mit etwa 7 - 8.000 cbm/Tag zur Verfügung gestanden.

Schon am Nachmittag des 17.5. machte sich die Wasserknappheit bemerkbar. Die Kanäle der Stadt wurden durch die vom Wasser mitgeführten Schwemmstoffe (Erde u. dgl.) verstopft. Die Kläranlage, die Schlammfördermaschinen und die Schlammräumer ersoffen und wurden stark verschmutzt. Die Kläranlage konnte nach etwa einer Woche vom Tiefbauamt dem Betrieb wieder übergeben werden. Schließlich wurden 5 Verkehrsstraßen beschädigt, 17 km Straßenfläche mit Schwemmgut überlagert. Der Straßenbahnbetrieb ruhte mehrere Tage lang.

Nach Ablauf des Hochwassers wurde der Großteil der vorhandenen Kräfte zum Aufräumen der Straßen, zum Auspumpen der Keller sowie der privaten und öffentlichen Luftschutzräume eingesetzt. Die Säuberungen der Wohnungen und des Hausrats der Geschädigten erfolgte unter weitgehender Mithilfe der gesamten Stadtbevölkerung ...

Der Autor

David Irving wurde im März 1938 als jüngster Sohn eines britischen Kapitänleutnants geboren, der bei Gallipoli, in der Skaggerakschlacht 1916, sowie in den Eismeergeleitzügen des 2. Weltkrieges diente. Irving arbeitete 1959-60 als Stahlarbeiter in Mühlheim (Ruhr), um seine deutschen Sprachkenntnisse zu vervollständigen. Schon während seines Studiums (Volkswirtschaft, politische Wissenschaft, Naturwissenschaften) an der Londoner Universität schrieb er sein erstes Werk: "Der Untergang Dresdens" (Bertelsmann Verlag, 1963), der weltweit ein Bestseller wurde; weitere Studien über die deutsche Atomforschung, Seekrieg, die deutschen V-Waffen und bekannte Persönlichkeiten des 2. Weltkrieges (Milch, Göring, Rommel, Hitler, Churchill) folgten.